高速铁路施工技术
（概论分册）

中铁二局股份有限公司　卿三惠　等　编著

中国铁道出版社

2018年·北　京

内 容 简 介

《高速铁路施工技术》系列丛书，分为《概论分册》、《路基工程分册》、《桥梁工程分册》、《隧道工程分册》、《轨道工程分册》、《"四电"工程分册》、《施工测量分册》、《工程试验与检测分册》8个分册出版。

《高速铁路施工技术（概论分册）》主要介绍高速铁路的概念、作用、技术经济优势、主要技术特征；高速铁路基础设施（线路、路基、桥梁、隧道、轨道）的特点；国内外高速铁路的成就与发展趋势，重点突出我国高速铁路的技术创新成果及应用前景；高速铁路的系统集成、技术体系和技术标准体系等内容。

该书理论联系实际，论述深入浅出，内容系统完整，可作为铁路施工企业员工的技术培训教材，也可供高速铁路施工、设计、科研人员及大专院校土木工程专业的师生学习和参考。

图书在版编目(CIP)数据

高速铁路施工技术·概论分册/中铁二局股份有限公司，卿三惠等编著．—北京：中国铁道出版社，2013.11（2018.11重印）

ISBN 978-7-113-17382-1

Ⅰ.①高… Ⅱ.①中…②卿… Ⅲ.①高速铁路—铁路施工 Ⅳ.①U238

中国版本图书馆CIP数据核字(2013)第232491号

书　　名：高速铁路施工技术（概论分册）

作　　者：中铁二局股份有限公司　卿三惠　等

责任编辑：冯海燕　　**电话**：010-51873371　　**电子信箱**：bjbfhy@126.com

封面设计：崔丽芳

责任校对：孙　玫

责任印制：郭向伟

出版发行：中国铁道出版社（100054，北京市西城区右安门西街8号）

网　　址：http://www.tdpress.com

印　　刷：北京铭成印刷有限公司

版　　次：2013年11月第1版　　2018年11月第2次印刷

开　　本：787 mm×1 092 mm　1/16　印张：4.5　字数：104千

书　　号：ISBN 978-7-113-17382-1

定　　价：16.00元

主 编 简 介

卿三惠，男，1956年生，贵州省息烽县人，工学博士，教授级高级工程师，国家注册土木工程师。1982年～2006年在中铁二院工程集团有限公司从事铁路工程勘察设计25年（其间任院副总工程师8年），2006年至今任中铁二局股份有限公司总工程师。历经南防、南昆、黎湛、株六、水柏、黔桂、渝怀、遂渝、达成、大丽、玉蒙、滇藏、京津、京沪、武广、广珠等新（改）建铁路的前期研究、勘察设计及施工实践，长期致力于工程勘察设计技术与结合工程的科学试验研究，多项成果获国家、省（部）级奖励，为铁路的事业技术进步作出了积极的贡献。

勘察设计：《水柏铁路北盘江大桥工程地质勘察》获铁道部工程勘察一等奖及国家银奖；《渝怀铁路圆梁山隧道工程地质勘察》、《黔桂铁路工程地质勘察》、《高烈度地震区铁路工程地质与环境地质综合选线》获省（部）工程勘察一等奖；《水柏铁路选线设计》、《时速200公里遂渝铁路路基工程设计》分获省（部）工程设计一、二等奖。

科技研究：《京津时速350公里铁路线路工程技术及应用》获铁道部科学技术特等奖；《时速350 km高速铁路CRTSⅡ型板式无砟轨道施工技术及关键设备研究》、《海底隧道钻爆法施工关键技术》、《富水砂卵石地层土压平衡盾构施工关键技术》、《大跨径曲线梁非对称外倾式钢箱拱桥施工关键技术》获省（部）科技进步一等奖；《客运专线独塔斜拉连续刚构组合桥施工关键技术》、《客运专线无砟轨道制造与施工成套设备及工艺研究》、《遂渝铁路一次铺设跨区间无缝线路轨道关键技术试验研究》、《超深埋大断面隧道群施工关键技术》、《特殊环境修建复杂洞室群地铁车站整体洞桩法施工关键技术》获省（部）科技进步二等奖；《红层软岩地区建造时速200公里客货共线铁路路基关键技术》、《超浅埋地铁大断面长距离水平冻结施工技术》、《高压富水地层超深埋特长隧道施工技术》、《城市地下互通立交隧道群施工技术》、《高瓦斯特长隧道建设关键技术》获省（部）科技进步三等奖。

学术成就：公开发表科技论文30余篇，对山区铁路选线设计、工程地质及水文地质勘察、岩溶和软弱地基处理、滑坡或边坡工程治理、复杂地质隧道灾害防治、高速铁路设计与施工、路基填料试验等技术问题进行了有益的研究和探索；主编出版《西南铁路工程地质研究与实践》、《土木工程施工工艺》（包括路基路面、桥梁、隧道及地铁、铺架与“四电”、房建五个分册)、《高速铁路隧道工程施工技术指南》、《铁路隧道施工安全技术规程》、《工程项目管理标准化手册》,参编出版《铁路路基填筑连续压实控制技术规程》、《铁路混凝土支架法现浇施工技术规程》、《CRTSⅡ型板式无砟轨道施工质量验收标准》、《高速铁路地基处理手册》、《铁路工程声屏障施工技术指南》等技术专著、规范、标准、手册;研发国家级工法5项、省(部)级工法10项;获国家授权发明专利12项、实用新型专利5项。

社会荣誉:2000年以来,先后荣获“全国铁路火车头奖章”、“四川省工程勘察大师”、“四川省学术和技术带头人”、中建协和中施协“全国技术创新先进个人”、中国中铁总公司“突出贡献中青年专家”和“十一五科技创新标兵”等社会荣誉。

《高速铁路施工技术》系列丛书编委会

序

高速铁路是当今世界的一项重大技术成就，它集中反映了一个国家铁路线路结构、列车牵引动力、高速运行控制、高速运输组织和经营管理等方面的技术进步，也体现了一个国家的科技和工业水平。高速铁路是社会经济发展的必然产物，有利于促进国家或地区间城市一体化发展进程，在经济发达、人口密集的地区经济和社会效益非常显著。高速铁路以其速度快、安全性好、正点率高、全天候运行、舒适方便、输送能力大、能耗低、污染轻等一系列技术优势，已成为世界许多国家和地区旅客运输发展的共同趋势。

20 世纪 60 年代以来，高速铁路在日本、德国、法国、意大利、西班牙、韩国等发达国家蓬勃兴起。截止 2012 年底，全世界高速铁路运营里程总长 24 000 km，分布在 20 个国家和地区。列车的最高试验速度从 1964 年 10 月世界上第一条高速铁路日本东海道新干线达到 210 km/h 后也在不断被刷新。1981 年 2 月法国 TGV 达 380 km/h；1988 年 5 月德国 ICE 最高试验速度达 406.9 km/h；1990 年 5 月 18 日法国 TGV-A 型高速列车最高试验速度达 515.3 km/h；2007 年 4 月 3 日法国 TGV-V150 超高速列车最高试验速度达 574.8 km/h，创造了有轨列车瞬间最高试验速度的世界纪录。这些瞬间高速（最高试验速度）说明轮轨技术是可以高速的，但不能真正运行。我国高速铁路建设过程中，从安全、可靠、适用、经济四个指标进行研究的结果表明，决定高速铁路运营速度的路基、桥梁、隧道和线路结构应按 350 km/h 的标准建设和配置机车，验收速度应按额定速度的 110%验收；从经济运营角度分析，根据空气动力学试验，250 km/h 是高速铁路的经济速度。因此，我国城际铁路一般按该速度进行建设。

20 世纪 90 年代以来，中国政府致力发展高速铁路，开展大规模的高速铁路试验研究。大体经历三个历史进程：

1997 年～2007 年，实施既有线改造和六次大提速。通过既有线改造和六次大提速，掌握了 200～250 km/h 高速铁路修建技术，使全国旅客列车最高运行速度从 120 km/h 以下提高到 200 km/h 以上的既有线路营业里程达到 6 003 km。

1999 年～2007 年，新建 160～200 km/h 试验线。1999 年 8 月开工建设秦沈客运专线，2002 年 11 月 27 日“中华之星”列车在该线上试验最高速度 321.5 km/h，2003 年 10 月 12 日按200 km/h开通运营；2002 年 11 月开工建设客货共线遂渝铁路，2005 年 5 月“长白山”列车在该线上试验最高速度 234 km/h，2006 年 4 月 1 日按 200 km/h 开通运营。2007 年 4 月 18 日，新建广深铁路三、四线采用“和谐号”动车组按 200 km/h 开通运营，成为我国第一条客货分线，实现完全公交化的城际客运专线。

2004 年以来，全面新建 250 km/h 和 350 km/h 高速客运专线。2004 年 1 月

国务院发布《中长期铁路网规划》,并于2008年进行调整,确定了“到2020年建设高速客运专线16 000 km以上”的发展目标。从此,中国铁路拉开了以“四纵四横”客运专线和城际快速客运系统为重点的大规模高速铁路建设序幕。2005年6月开工建设中国第一条250 km/h客货共线铁路合宁铁路,2008年4月按200~220 km/h开通运营;2005年7月4日开工建设中国第一条350 km/h的京津城际高速铁路,2008年6月24日和谐号动车组在该线上最高试验速度394.3 km/h,2008年8月按300 km/h开通运营;2011年1月中国CRH380BL型和谐号动车组在350 km/h的京沪高速铁路线上创造了中国铁路无砟轨道列车的最高试验速度487.3 km/h,2011年6月按300 km/h开通运营,标志着中国高速铁路技术已步入国际先进水平。其中长距离、温差大、无缝轨道技术处于世界领先水平。

截止2012年底,中国已建成高速铁路运营里程9 356 km,在建高速铁路长度达12 700 km,居世界第一。

中国铁路按照“安全、可靠、适用、经济、先进”的技术方针,通过原始创新、集成创新和引进消化吸收再创新,在工程建设、高速列车研制、列车运行控制、系统集成、运营维护、客运服务等技术领域实现了重大突破,形成具有自主知识产权的高速铁路技术标准体系,全面掌握了高速铁路设计、施工、运营、维修等关键技术,实现了具有世界先进水平的客运动车组、施工装备的国产化。目前,中国已成为世界上高速铁路发展最快、运营里程最长、运营速度最高、在建规模最大、系统技术最全、集成能力最强的国家。

为总结高速铁路的建设经验,中铁二局股份有限公司组织国内铁路技术专家及工程技术人员,在全面系统地总结我国高速铁路试验研究及建设实践的基础上,广泛吸收世界高速铁路建设的先进技术,精心编著完成的具有中国特色的《高速铁路施工技术》系列丛书,终于出版了。

该丛书理论联系实际,论述深入浅出,内容系统完整,图文并茂,展现了当今高速铁路施工的最新技术及应用前景,具有较高的理论和实用价值,可以引领我国的高速铁路建设。

借本丛书出版之际,谨以此序向多年来为我国高速铁路建设作出突出贡献的广大科技人员,以及为本丛书的出版付出辛勤劳动的各位编审人员表示感谢。

我将本丛书推荐给从事高速铁路设计、施工、科研、教学等工作的人员和广大非专业读者。相信本丛书的出版,将有助于推动我国高速铁路施工技术的不断进步,实现国富民强之本。

中国工程院院士

2013年5月

前　　言

2004年1月，国务院发布《中长期铁路网规划》，并于2008年进行调整，确定了“到2020年建设客运专线16 000 km以上”的发展目标。从此，中国铁路拉开了以“四纵四横”客运专线和城际快速客运系统为重点的大规模高速铁路建设序幕。截止2012年底，中国已建成高速铁路运营里程9 356 km，在建高速铁路12 700 km，成为世界上高速铁路发展最快、运营里程最长、运营速度最高、在建规模最大、系统技术最全、集成能力最强的国家。

为总结我国高速铁路的建设经验，中铁二局股份有限公司组织国内铁路技术专家及工程技术人员，在全面系统总结我国高速铁路试验研究及建设实践经验的基础上，广泛吸收国外先进技术，精心编著而成《高速铁路施工技术》系列丛书。

全套丛书包括《概论分册》、《路基工程分册》、《桥梁工程分册》、《隧道工程分册》、《轨道工程分册》、《“四电”工程分册》、《施工测量分册》、《工程试验与检测分册》共8个分册。

1.《概论分册》，主要介绍高速铁路的概念、作用、技术经济优势、主要技术特征；高速铁路基础设施（线路、路基、桥梁、隧道、轨道）的特点；国内外高速铁路的成就与发展趋势，重点突出我国高速铁路的技术创新成果及应用前景；高速铁路的系统集成、技术体系和技术标准体系等内容。

2.《路基工程分册》，主要介绍高速铁路路基的结构构造、技术标准及施工技术，重点突出地基处理、路堤填筑、路堑开挖、路基过渡段、路基支挡结构、路基边坡防护、路基防排水、路基堆载预压、路基沉降观测与评估等的施工工艺、质量检测及控制标准等内容。

3.《桥梁工程分册》，主要介绍高速铁路桥梁的结构构造、技术标准及施工技术。重点突出桥梁基础与墩台、预应力混凝土简支梁、连续梁、结合梁以及拱桥、斜拉桥、组合桥等桥式结构；钻孔灌注桩、钢围堰、预应力混凝土简支梁预制与架设、节段预制拼装、连续梁悬臂施工、原位支架法及移动模架施工、转体施工、无支架缆索吊装施工、大跨度桥梁施工监控、桥梁支座、桥面附属工程等的施工工艺、质量检测及控制标准等内容。

4.《隧道工程分册》，主要介绍高速铁路隧道的结构构造、技术标准及施工技术。重点突出隧道洞口工程、开挖与支护、二次衬砌、防排水、附属构筑物、辅助坑道，施工通风与防尘、超前地质预报、施工监控量测，不良地质与特殊岩土隧道、明挖隧道、TBM隧道、盾构隧道等的施工方法、施工工艺、质量检测及控制标准等内容。

5.《轨道工程分册》,主要介绍高速铁路轨道的结构构造及轨道的制造、运输、铺设、精调施工技术、质量检测与控制标准等内容。轨道结构的界面限定为路基基床表层以上、桥梁桥面混凝土保护层以上、隧道仰拱混凝土层以上的工程实体。重点突出CRTSⅠ型、CRTSⅡ型双块式无砟轨道,CRTSⅠ型、CRTSⅡ型、CRTSⅢ型板式无砟轨道,板式无砟道岔、长枕埋入式无砟道岔施工技术;有砟轨道及道岔施工技术;无缝线路施工技术;轨道施工组织方案等。

6.《"四电"工程分册》,主要介绍高速铁路"四电"系统集成的概念、程序、内容、模式、主要原则和措施、接口管理、RAMS管理、EMC技术管理、风险管理、系统兼容性和匹配性、集成试验和环境保护方案;重点突出高速铁路通信、信号、牵引供电系统施工技术及电力系统供电技术,包括系统构成、关键施工技术、质量控制要点与相关接口施工、试验与检测技术等。

7.《施工测量分册》,主要介绍高速铁路施工测量体系;精密测量控制网施工复测与加密测量;路基、桥梁、隧道工程施工控制测量及竣工测量;施工期间建筑物变形监测;轨道控制网测量、各类轨道板铺设施工测量、工程竣工测量;测量仪器设备配置的基本要求等。重点突出各工序环节的测量内容、方法、技术要点及质量检验、控制标准等内容。

8.《工程试验与检测分册》,主要介绍高速铁路试验与检测的主要技术标准及施工中混凝土、路基、桥梁、隧道、无砟轨道、无缝线路的试验检测技术,重点突出高速铁路区别于普通铁路对原材料的特殊技术要求与相应的试验检测方法,以及混凝土、无缝钢轨等结构实体的试验检测等内容。

本丛书理论联系实际,内容系统完整,工程实例丰富,展现了当今高速铁路施工的最新技术及推广应用前景,可作为铁路施工企业员工的技术培训教材,也可供高速铁路设计、施工、科研人员及大专院校土木工程专业师生学习和参考。

本丛书编撰过程中,引用了大量的参考文献资料,特向原作者个人和单位表示感谢。由于编者水平所限,书中难免存在疏漏和不足之处,恳请读者批评指正,以便不断完善。

中铁二局总经理 [signature]

2013年5月于成都

目　　录

1 高速铁路的定义

迄今为止，国际上对高速铁路的定义尚无统一标准。1970 年 5 月日本 71 号法令规定“列车在主要区间以 200 km/h 以上速度运行”的铁路称为高速铁路；1985 年 5 月联合国欧洲经济委员会规定“新建高速客运专线的最高速度 300 km/h 及以上，新建客货混运线最高速度 250 km/h及以上的铁路”称为高速铁路；1996 年国际铁路联盟（UIC）规定“新建线路达到 250 km/h及以上，既有线改造达到 200 km/h 及以上的铁路”称为高速铁路。我国对高速铁路的定义与 UIC 相似，即“新建铁路旅客列车设计最高行车速度达到250 km/h及以上，既有线改造旅客列车设计最高行车速度达到 200 km/h 及以上的铁路”称为高速铁路。

广义地说，高速铁路包括使用轮轨技术和磁悬浮技术两大类轨道运输系统。轮轨技术有非摆式车体和摆式车体两种；磁悬浮技术有超导排斥型和常导吸引型两种。就目前而言，世界各国的高速铁路都以非摆式车体的轮轨技术为主。

铁路列车运行速度的分级标准：100～120 km/h 为常速；120～160 km/h 为中速；160～200 km/h 为准高速或快速；200～400 km/h 为高速；400 km/h 以上为超高速。

2 高速铁路的作用

高速铁路在交通运输方面具有极为明显的优势。在运行速度上，最高速度可达 350 km/h 及以上，堪称“陆地飞行”；在运输能力上，一个长编组的列车可以运送 1 000 多人，每隔 3 min 就可以开出一趟列车，运力强大；在适应自然环境上，高速列车可以全天候运行，基本不受雨雪雾的影响；在列车开行上，采取“公交化”的模式，旅客可以随到随走；在节能环保上，高速铁路是绿色交通工具，非常符合节能减排的要求。正因为如此，高速铁路正在为国家经济社会又好又快发展提供重要的支撑和保障。具体作用如下：

(1)有利于强化城市间的“同城”效应。高速铁路对于满足日益增长的旅客运输需求，实现中心城市与“卫星”城镇的合理布局，发挥城市对周边地区的辐射带动作用，强化相邻城市间的“同城”效应，具有重要作用。

(2)有利于推动区域和城乡协调发展。高速铁路大大缩短了各区域间和城乡间的时空距离，促进了区域间、城乡间劳动力尤其是人才、信息等要素的快速流动，带动相关产业由经济发达地区向欠发达地区转移，增强农村“造血”功能，有利于实现区域和城乡协调发展。

(3)有利于促进产业结构升级。高速铁路不仅是高新技术的集成，而且产业链很长，能够带动相关产业结构优化升级。高速铁路为旅游业的发展也提供了极大便利，对于提高第三产业的比重发挥了重要作用。

(4)有利于释放铁路的货运能力。高速铁路网建成之后，铁路繁忙干线可以实现客货分流运输，把既有线的能力腾出来，发展货物运输，极大地释放既有线货运能力，为国民经济平稳较快发展提供可靠的运力保障。

大量事实表明：高速铁路沿线已经成为中国经济发展最活跃和最具潜力的地区。我们有理由乐观地预见，高速铁路在支撑我国区域经济协调发展、优化资源配置和产业布局、构建高效综合运输体系、降低社会物流成本、促进城镇一体化进程和经济可持续发展等方面，都将发挥巨大的作用。

3 高速铁路的技术经济优势

高速铁路与公路、航空相比，主要技术经济优势表现在以下几个方面。

(1)速度快。速度是高速铁路技术水平的最主要标志，各国都在不断提高列车的运行速度。中国、法国、日本、德国、西班牙、意大利高速列车的最高运行速度分别达到了 350 km/h、300 km/h、300 km/h、280 km/h、270 km/h 和 250 km/h。如果作进一步改善，运行速度可以达到 350～400 km/h。除最高运行速度外，旅客更关心的是旅行时间，而旅行时间是由旅行速度决定的。以北京至上海为例，在正常天气情况下，乘飞机的旅行全程时间(含市区至机场、候检等全部时间)为 5 h 左右，如果乘高速铁路(350 km/h)的直达列车，全程旅行时间则为 5～6 h，与飞机相当；如果乘既有铁路列车，则需要 15～16 h；若与高速公路比较，以上海到南京为例，沪宁高速公路 274 km，汽车平均时速 83 km，行车时间为 3.3 h，加上进出沪、宁两市区一般需 1.7 h，旅行全程时间为 5 h，而乘高速列车，则仅需 1.15 h。

(2)安全性好。高速铁路由于在全封闭环境中自动化运行，又有一系列完善的安全保障系统，所以其安全程度是任何交通工具无法比拟的。高速铁路问世近半个世纪以来，日、德、法三国共运送了 60 多亿人次旅客。高速铁路被认为是最安全的，几个主要高速铁路国家，一天要发出上千对的高速列车，其事故率及人员伤亡率远远低于其他现代交通运输方式。与此成对比的是，全世界由于公路交通伤亡事故每年约死亡25 万～30 万人；1994 年全球民用航空交通中有 47 架飞机坠毁，1 385 人丧生，死亡人数比前一年增加 25%，比过去 10 年的平均数高出 20%。

(3)正点率高。由于高速铁路系统设备的可靠性和较高的运输组织水平，可以做到旅客列车极高的正点率。西班牙规定高速列车晚点超过 5 min 就要退还旅客的全额车票费；日本规定到发超过 1 min 就算晚点，晚点超过 2 h 就要退还旅客的加快费，1997 年东海道新干线列车平均晚点只有 0.3 min。高速列车极高的准时性深得旅客信赖。

(4)全天候运行。高速铁路线路为全封闭结构，具有自动化的控制系统和自动驾驶系统。一般情况下不受天气变化的影响，可以全天候安全运行，按图行车，除非发生地震。在较为严重的自然灾害条件下，可以采取减速运行的方式维持行车，不会像公路和航空运输那样，在浓雾、暴雨和冰雪等恶劣天气情况下，则必须关闭停运。高速铁路的安全保障系统不但保证了高速列车运行安全，也使铁路运输全天候的优势得到了更充分发挥。

(5)舒适方便。高速铁路一般每 4 min 发出一列客车，日本在旅客高峰时每 3.5 min 发出一列客车，旅客基本上可以做到随到随走，不需要候车。为方便旅客乘车，高速列车运行规律化，站台按车次固定化等，这是其他任何一种交通工具无法比拟的。高速铁路列车车内布置非常豪华，工作、生活设施齐全，座席宽敞舒适，走行性能好，运行非常平稳。减振、隔声效果好，车内很安静。

(6)能源消耗低。如果把各种交通运输工具以平均每人公里的能耗来进行比较的话，普通铁路为1,高速铁路为1.42,大客车为1.45,小轿车为8.2,飞机为7.44。高速列车利用电力牵引,不消耗宝贵的石油等液体燃料,可利用多种形式的能源。

(7)环境影响小。当今,发达国家对新一代交通工具选择的着眼点是对环境影响小。高速铁路符合这种要求,明显优于汽车和飞机。

(8)占用土地少。双线铁路用地宽度为13.8 m,6车道高速公路用地宽度为37.5 m,要完成一条高速铁路的运量,高速公路需要8车道。

(9)载客量高。无论是高速公路或机场都会发生挤塞。高速铁路的优点是载客量非常高。倘若旅程以大城市中心为出发及目的地,使用高速铁路加上转乘的时间可能只跟驾驶汽车相仿,但高速铁路毋须自行驾车,较为舒适。另外,虽然高速铁路的速度比不上飞机,但在距离稍短的旅程(650 km以下),高速铁路因为无需到通常较远的机场登机,也不需行李托运,故仍较省时。由于高速铁路的班次安排可较为频密,其总载客量亦远高于民航。

(10)输送能力大。目前各国高速铁路几乎都能满足最小行车间隔时间4h及其以下(日本可达3 min)的要求,扣除维修时间4 h,则每天可开行的旅客列车约280对;如每列车平均乘坐800人,日均输送能力将达到44.8万人次;年均输送能力1.6亿人次。4车道高速公路客运专线,单向每小时可通过小轿车1 250辆,全天工作20 h,可通过25 000辆。如大轿车占20%,每车平均乘坐40人;小轿车占80%,每车平均乘坐2人,年均单向输送能力为8 760万人。航空运输主要受机场容量限制,如一条专用跑道的年起降能力为12万架次,采用大型客机的单向输送能力只能达到1 500万~1 800万人。

高速铁路的上述技术经济优势,使其在一定距离范围内成为一种更为经济、合理、有效的运输方式。法国TGV东南线(巴黎—里昂430 km)、西班牙高速铁路(马德里—塞维利亚471 km)和日本东海道新干线(东京—新大阪515 km)的运营统计资料表明,以旅客周转量计算,高速铁路和航空相比,巴黎—里昂间为90∶10,马德里—塞维利亚间为82∶18,东京—新大阪间为85∶15。因此,在全球范围内,必将有更多的国家修建高速铁路,这是解决交通运输面临一系列问题的有效途径。

4 高速铁路的主要技术特征

一般地说，安全(高可靠性、高耐久性)、快速(高速度、高密度)、舒适(高平顺性、高稳定性、高环保性)是高速铁路的三大要素，三者缺一不可。

在轮轨接触的铁路技术中，随着速度的提高，对基础设施和移动的车辆都提出了新的要求，主要可以归结为两个方面：一是当速度超过 250 km/h 时，空气动力特性发生显著变化，对车辆结构和铁路基础设施提出新的要求；二是由于高速运行的列车需具备持久稳定、高平顺性及安全舒适的运行条件，对轨下基础提出新的要求。

列车高速运行时，行车阻力、振动和机械动力产生的噪声将大幅增加，列车与空气摩擦产生的噪声也会有所提高。因此，对列车的结构，需要重新进行头型及外轮廓设计，以改善空气流向、优化弓网关系及受电弓的位置等，同时要增加减振措施。

试验证明，高速列车运行时对车辆的空调、门、窗、排污设施等的密封性能有很高的要求，以满足高速运行的空气动力学特性。此外，还要求具有高性能的制动系统和较高的乘坐舒适度。

高速行驶的列车会车时所产生的空气波压力较普速情况有明显提高。因此，高速铁路在进行线路规划时，要适当加大线间距(包括站台安全距离)。通过隧道时，洞口空气阻力与高速列车在瞬间产生的巨大微气压波，对行车安全、乘坐舒适度以及环境都会产生明显的影响。因此，要适当加大隧道断面面积，改善洞口形状或设置洞口缓冲结构等。

高速运行出现的高频振动，要求结构物除了满足静态荷载的条件外，还必须满足高速列车动力特性要求，即除了保证“强度”这一基本要求(即使用期不致破坏)以外，还须严格控制其“刚度”。因此，保持轨道持续稳定的高平顺性，是对高速铁路工程提出的最基本要求。轨道的高平顺性又是路基、桥梁、隧道、轨道变形的最终表现，要求轨道高平顺性，必须从控制上述工程变形着手。

高速铁路路基、桥涵、隧道等主体结构设计使用年限为 100 年，无砟轨道主体结构设计使用年限不小于 60 年。由于高速行车的特殊情况，高速铁路需要配置风、雨、雪、地震等自然灾害告警系统，监测信息经过通信网与调度中心直接相连，以保证高速行车的安全。沿高速铁路设置的跨线桥需安装坠落物告警装置。高速铁路必须全封闭、全立交，不设平交道口。由于高速行驶中列车与空气摩擦产生了大量噪声，当高速铁路途经人口密集地区时，沿线需要采取降低噪声的措施，如安装隔声墙等。

5 高速铁路基础设施的特点

高速铁路基础设施主要包括线路、路基、桥梁、隧道、轨道等,要求具有持久稳定的高平顺性,世界各国在建设高速铁路工程中运用了诸多新技术、新设备和新结构,使任何一个组成部分都达到了良好的状态,保证了高速列车安全、平稳、舒适地运行。为了达到安全运营要求,高速铁路的线路、路基、桥梁、隧道、轨道结构等重要基础设施的建设标准与技术要求比一般铁路高得多,除了要具有足够的强度条件外,还要保证在高速行车条件下,避免出现列车振动、轮轨力过大等影响安全舒适运营的状况。

5.1 高速铁路线路

高速铁路线路的设计标准以提高线路的平顺性为主,尽可能地降低列车的横向和竖向加速度,减小列车各种振动叠加可能性,从而提高旅客的乘坐舒适度。同时也要考虑减小工程量,降低造价,便于施工、运营、维修等因素。国内外铁路的长期运营实践证明,线路的平、纵断面对行车速度影响很大。线路平面标准包括最小曲线半径、缓和曲线、超高、欠超高、过超高等;线路纵断面标准包括坡度值和竖曲线等。由于列车运行速度的不断提高、大功率机车和动力分散式动车组的应用,以及对乘坐平稳舒适度的高标准、高要求,高速铁路线路平纵断面的变化要尽可能地平缓,以保证线路高速行车的安全稳定与高平顺性。

5.2 高速铁路路基

路基是轨道的基础,其强度、刚度、稳定性以及在运营条件下使线路轨道参数保持在允许的标准范围之内,是确保列车高速、安全、舒适、平稳运行的前提条件。具体要求有:路基基床的强度高、刚度大;地基沉降很小或没有沉降;路基刚度纵向平顺变化;良好的耐久性等。这些要求普通铁路路基是不能满足的,必须在路基结构、路基材料及路基施工工艺等方面采取一系列更高的技术标准才能实现。高速铁路的出现对传统的铁路设计、施工和养护维修提出了新的挑战,必须将路基作为结构物对待,用全新的观念来设计、施工。

高速铁路路基具有以下技术特点:

(1)路基结构形式的变化。高速铁路路基结构的形式较普通铁路路基有明显的变化。高速铁路一般为双线路基,也有路堤、路堑、半路堤、半路堑等形式。

高速铁路的轨道结构分为有砟轨道和无砟轨道两种类型,两种类型的轨道对路基结构有不同的技术要求。

有砟轨道线路结构已经突破了传统的轨道—道床—土路基这种结构形式。在高速铁路发达国家,铁路路基基床结构各不相同,有各自的特点。如日本基床表层的材料选择比较特殊,法国路基结构基床厚度的确定与线路运营养护结合起来，德国路基结构有严格的防冻要求，但都具有强化基床表层的共性，而且都采取了路基基床防水措施，以保护基床下部填土不受水的影响。如日本以沥青层或水硬性级配矿渣防止雨水渗透，德国对路基保护层进行强化，法国则增设防水层，以保证路基土不受水的侵蚀。我国高速铁路有砟轨道基床厚度为 3.0 m(其中基床表层级配碎石厚 0.7 m)，这与普通铁路基床结构明显不同。

无砟轨道以其弹性均匀、线路状态稳定、养护维修工作量少、行车安全性和舒适性好等优点，在高速铁路中呈不断发展态势。我国在高速客运专线路基上采用的无砟轨道主要有板式和双块式轨道。无砟轨道基床厚度为 2.7 m(其中基床表层级配碎石厚 0.4 m)，这也与有砟轨道在结构上有明显不同。

(2)强度高、刚度大的基床结构。路基不仅要承受轨道结构和附属构筑物的静荷载，还要承受列车运营时动荷载的长期反复循环作用。高速铁路必须将路基作为土工结构物来进行设计与施工，对填筑材料、压实标准、变形控制、检测要求等较普通铁路有很大提高，同时强化了基床结构，特别是基床表层。基床表层是路基直接承受列车动荷载的组成部分，也是路基中的最重要部分，不但给轨道提供了一个坚实的基础，也对其下的土路基提供保护。因此，基床表层必须有足够的强度和刚度，同时还要有较好的稳定性和耐久性。作为基床表层的材料，需要有较好的力学性能，充分压实后要能在长期动荷载作用下保持稳定，并有很好的水稳定性和较小的渗透性。我国高速铁路路基基床采用级配碎石强化表层结构。基床表层一般为级配碎石、级配砂砾石，基床底层及以下部分路堤采用 A、B 组填料或改良土。此外，还需加强基床排水，保证基床在列车动荷载作用下的长期稳定性。

(3)严格控制路基的沉降变形。高速行车需要高度平顺和稳定的轨下基础，控制变形是高速铁路路基设计的关键。路基工后沉降包括长期行车引起的基床累积下沉、路基本体填土压实下沉和地基的压缩下沉。列车行驶中的弹性变形、运营阶段的塑性变形及路基填土的压实下沉，只要满足基床及路基本体填筑材料、压实标准，其值是有限的。因此，如何控制路基的沉降变形特别是工后沉降，关键在于控制软弱地基的沉降。此外，为控制路基的工后沉降和刚度，高速铁路路基施工一般采用物理和力学指标双控制，对路基填料及压实标准较普通铁路有更严格的要求，检测指标、检测方法及仪器也与普通铁路有很大不同，基床表层采用压实系数 K、地基系数 K_{30}、动态变形模量或二次变形模量 E_{v2} 三项指标控制。工程建设中，为有效地控制工后沉降量及沉降速率，必须在每个软土地基工点及各种过渡段设置沉降和位移观测设备，并随施工进程观测，及时绘制填土—时间—沉降曲线。根据沉降发展趋势、工期要求等，在铺轨前对路基沉降进行评估，以确保铺轨后路基工后沉降量与沉降速率控制在允许范围内。可以说，对路基工后沉降控制的高标准，是高速铁路区别于普通铁路路基的一个最大技术特点。

世界各国高速铁路都十分重视路基沉降控制。日本第一条高速铁路东海道新干线修建时，由于对高速铁路路基的重要性重视不够，标准偏低，致使通车后出现大量路基下沉、基床翻浆冒泥等病害，轨道难以达到正常的工作状态，列车运行速度无法达到设计速度目标值。日本修建高速铁路初期拟定的工后总沉降为10 cm，年沉降量 3 cm；而在后来修建的高速铁路中，工后总沉降已按 3 cm 控制，对无砟轨道工后沉降的控制更为严格。法国修建高速铁路前，通过研究发现道床下增加一定厚度的“垫层”对防止路基病害有重要作用，因而在制定 TGV 线路技术标准中，明确了强化基床表层的措施。要求路基工后总沉降小于 20 cm，并在最后一次捣固和运行第一列高速列车之前，沉降应完全稳定。德国在修建高速铁路时，充分吸取既有线的经验,采用了较高的路基标准,认为在列车开始运行后,路基工后总沉降不应大于1 cm,年沉降速率不应超过2 mm,并应避免在短距离内发生不均匀沉降,在桥台附近不应有任何不均匀沉降。我国对路基工后沉降标准的认识和制定也有一个过程,早期传统的铁路路基是按强度设计的,对路基的变形不作要求,由此带来的经验教训是惨痛的,许多线路运营后就出现相当多的病害,铁路工务部门只有通过加大维修工作量来保证列车正常运营。随着对路基变形影响铁路运行的逐步认识,我国对高速铁路路基的工后沉降有更严格的标准。如速度为300~350 km/h的客运专线,有砟轨道路基一般地段工后沉降要求不大于5 cm,路桥过渡段工后沉降不大于3 cm,沉降速率不大于2 cm/年;而对无砟轨道,由于其基础一旦出现变形或破坏,其整治和修复较困难,资金和人力投入很大,维修耗时长,对无砟轨道的变形控制较有砟轨道更严格。我国对无砟轨道的路基工后沉降要求一般不应超过扣件允许的沉降调高量15 mm,路桥或路隧交界处的差异沉降不应大于5 mm。

(4)路基刚度纵向平顺变化。铁路线路由不同特点的结构物(路基、桥涵、隧道等)和轨道结构构成,这些结构在强度、刚度、变形等方面都有很大的差异。因此,在路桥、路涵、路隧、路堤与路堑等相连地段,纵向轨下基础刚度的变化必然导致路基—轨道—车辆系统刚度的不均匀性,造成高速铁路系统振动加剧,增加对轨下基础的动力作用,影响高速行车的平稳和安全。为保证差异沉降小和纵向刚度均匀,必须在路桥、路涵、路隧、堤堑、无砟轨道与有砟轨道间设置一定长度的路基过渡段(正梯形或倒梯形结构),这与一般地段路基的结构形式明显不同,以控制轨道刚度的逐渐变化,最大限度地减少路基过渡段的沉降不均匀而引起的轨道不平顺,保证高速列车安全、舒适运行。

5.3 高速铁路桥梁

高速铁路桥梁除了满足一般铁路桥梁的要求外,还要满足一些特殊的要求,这是因为列车在高速行车条件下桥梁结构的动力响应加剧,对列车的安全性、旅客乘坐的舒适度、荷载的冲击、材料的疲劳、列车的运行噪声、结构的耐久性等产生不利的影响。高速铁路桥梁作为轨道的下部结构,桥梁结构应具有良好的刚度和整体性、高平顺性、高稳定性、高可靠性和耐久性等,外形构造简洁合理,力求标准化,便于施工和控制建造质量,减少维修工作量。同时,应强调结构与环境的协调,减小运营噪声,重视生态环境保护。

(1)刚度大、整体性好。高速铁路桥梁必须具有足够的刚度和良好的整体性,才能满足列车高速运行的需要。以中小跨度为主,应用最广泛的是32 m箱梁,采用整孔预制架设施工和桩基础,其经济性和整体性都比较好。一般来说高速铁路桥梁设计主要是由刚度控制设计,强度基本上不控制设计,所以虽然高速铁路活载小于普通铁路,但在梁高、梁重等方面均超过普通铁路。与普通铁路桥梁相比,高速铁路桥上的无缝线路受力状态与路基不同,结构的温度变化、列车牵引(制动)力、桥梁挠曲等都会使桥梁在纵向产生一定的位移,引起桥上钢轨产生附加应力,过大的附加应力会造成桥上无缝线路失稳,影响行车安全。因此,要求墩台基础有足够的纵向刚度,以减少钢轨附加应力和梁轨间的相对位移。

(2)结构耐久,检查、维修方便。高速铁路列车速度高,线路运营繁忙,行车中断会造成很大的经济损失和社会影响,桥梁结构按使用100年设计,一般具有较强的耐久性,并易于检查、少维修或免维修。同时,重视接口设计,协调桥梁与轨道、接触网、通信、信号、电力、牵引供电、综合接地、沉降观测标、养护维修、救援疏散通道等各专业之间的接口关系，综合考虑专业之间的系统集成技术，满足养护维修作业的需要。

(3)注重减隔震和环保。高速铁路运行速度快，会产生很大的噪声。虽然高速铁路桥梁建筑材料没有限制，但绝大多数桥梁都选用混凝土材料，主要是混凝土梁具有刚度大、噪声低、养护工作量少、造价经济等优点。在建设、运营中的各个环节，严格控制对水源、土壤、大气等的污染，在城镇和居民区附近的桥梁必须设置声屏障等降噪设施。

(4)结构与环境协调一致。高速铁路桥梁造型与环境保持一致，注重结构外观和色彩，强调结构与环境的协调；在高速铁路桥梁穿越优美的自然景区、经过城市范围的桥梁，除发挥交通建筑的主要功能外，还要体现出与环境和谐统一美观的特征。

5.4 高速铁路隧道

高速铁路隧道与普速铁路隧道最大的区别是与列车空气动力学相关。当列车以高速通过隧道时，原来占据空间的空气被排开，空气的黏着性以及隧道壁面和列车表面的摩擦作用使被排开的空气不能像在隧道外那样及时、顺畅地沿列车两侧和上部形成绕流，而是列车前方的空气受到压缩，列车后方形成一定的负压，从而产生一个压力波动的过程。这种压力波动又以声速传播至隧道口，形成反射波，再发生回传、叠加，进而产生一系列复杂的空气动力学效应。主要表现在瞬变压力、洞口微气压和行车阻力三个方面，对行车安全性、旅客舒适度及洞口环境等均产生不利影响。据研究，当列车以 200 km/h 以上的速度通过隧道时，这种不利影响就十分明显。因此，区别于普通隧道，高速铁路隧道的设计要着重考虑列车空气动力问题。理论和试验研究表明，为降低隧道空气动力效应的影响，一般采用以下技术措施：

(1)扩大隧道断面净空和减小阻塞比。由于列车运行速度的提高，空气动力学效应对行车、旅客乘车舒适度、洞口环境的不利影响十分明显且起控制作用。根据国内外有关高速铁路隧道的试验研究，增大隧道断面，减小阻塞比是降低瞬变压力的有效途径。德国、法国、日本和意大利等国家均加大了高速铁路隧道的断面积。我国规定：设计行车速度 300 km/h、350 km/h的双线隧道断面净空有效面积不应小于 100 m^2，单线隧道断面净空有效面积不应小于 70 m^2；设计行车速度 250 km/h 的双线隧道断面净空有效面积不应小于 90 m^2，单线隧道断面净空有效面积不应小于 58 m^2。大断面隧道受力比较复杂，尤其是隧道底部，而两侧边墙底直角变化容易引起应力集中，边墙底与仰拱连接处需进行加强。

(2)改变隧道入口形式。改变隧道的入口形式，可降低瞬变压力和微气压波在洞口附近引起的噪声干扰。一般做法是在隧道入口处外接一段明洞，并在其墙壁上开设通气孔。英美有些专家认为，这种入口边墙上的最佳开孔率为隧道横断面的 75%，沿边墙等距离排列。有的隧道把这种明洞做成喇叭形入口，喇叭口端部的面积为隧道横断面的 2.5 倍。试验研究表明这种式样的明洞入口，可使列车进入时产生的空气压力峰值减少约 25%。

(3)设置通风竖井。在长隧道中设置通风竖井，不但能缓和列车通过时所发生的瞬变压力，而且也能降低行车的空气阻力。由于竖井的存在，列车前方压力较大的空气不仅可通过隧道出口排出隧道，而且也可由列车前方的竖井排出隧道，这样就能降低列车前方与后方的空气压力及列车的空气阻力。另外，在隧道内合理地设置通风竖井，也可使因高速行车产生的瞬变压力幅值降低 5%左右。当考虑修建通风竖井（或斜井）时，应尽可能利用施工中留下的竖井，因此在确定施工竖井的位置时,最好能兼顾到高速列车降低瞬变压力的要求。

(4)修建平行辅助隧道。对于特长隧道,往往因其埋深很大,不宜设置竖井,这种情况下可在行车的主隧道旁修建一条小断面的平行辅助隧道,且每隔一定距离用横通道与主隧道连通。这样,每当列车经过一个横通道口就产生一次压力脉冲。虽然瞬变压力变化频繁,但强度较弱,旅客较易承受。另外,平行辅助隧道除可降低瞬变压力和空气阻力外,还可用于通风、排水,且当隧道发生火灾时,还可为旅客及隧道内养护作业人员提供安全出口。另外,保持隧道内的表面的平整光滑,改善轨道结构,采用具有良好空气动力学形状的车辆等都是解决高速铁路隧道内空气动力效应的有效措施。

(5)隧道工程质量要求高。高速列车运行速度快、密度高,隧道维修有一定的时间限制,对隧道衬砌的安全性、耐久性和防水性能均要求较高的工程质量,使隧道建筑物在高速行车条件下,能够满足养护维修工作量最小的要求,并及时发现病害,分析造成病害的原因,采取及时有效的措施,延长隧道建筑物的使用寿命。由于隧道是一种特殊结构物,在列车通过隧道时发生火灾的后果往往是灾难性的。因此在勘察、设计、施工中都要重点关注高速铁路隧道的防灾救援问题。

5.5 高速铁路轨道

高速铁路和普通铁路一样,轨道结构也是由钢轨、轨枕、扣件、道床、道岔等部分组成,这些材料力学性质不同的部件共同承受列车荷载,任何一个轨道部件的结构、性能、强度的变化都会影响其他部件的正常工作,对高速铁路的正常行车产生影响。由于列车对轨道结构的作用力与速度密切相关,所以要求高速铁路线路的轨道结构具有更高的安全性、稳定性和平顺性,在部件性能、技术水平和养护维修等方面的标准更高、要求更严。

(1)高速铁路轨道结构类型。应用在高速铁路上的轨道结构可分为有砟轨道和无砟轨道两种类型。由于这两种轨道类型自身的优缺点,目前世界高速铁路轨道结构的发展趋势是完善有砟轨道结构和运用无砟轨道。

(2)有砟轨道。有砟轨道是铁路一种传统的轨道形式,具有建设费用低、噪声传播范围小、建设周期短、破坏时修复时间短、自动化及机械化维修效率高、轨道超高和几何状态调整简单等优点,在国内外已获得广泛应用。但有砟轨道在运营过程中,易产生不均匀下沉,导致轨道结构破损加剧,线路几何形状变化,维修工作量加大,行车时空气动力作用会使道砟飞散,造成损伤。高速铁路有砟轨道在结构上与普通的有砟轨道没有本质的区别,只是在部件的性能与维修标准上要求更高、更严。高速铁路有砟轨道结构要保证轨面的高平顺性和高稳定性,正向着重型化方向发展,对钢轨、混凝土轨枕、扣件、道砟的材质和道床断面尺寸等也比普通的有砟轨道严格得多。如为减小枕下作用荷载和增加轨道横向阻力,而增大轨枕底部与道床表面接触面积,出现了重型轨枕和宽轨枕结构形式;为增大轨枕纵向支撑的连续性,采用宽轨枕、框架轨枕和纵向轨枕;为提高轨道的弹性,在轨下、枕下和道砟下应用弹性垫层等。

(3)无砟轨道。无砟轨道结构与有砟轨道结构的根本区别在于用塑性变形小、耐久性好的混凝土或沥青材料代替有砟轨道结构中容易磨耗、粉化和破碎的道砟材料。无砟轨道因其稳定性好、维修工作量少、使用寿命长、整体综合经济效益好等优点,成为高速铁路轨道结构的发展方向,得到了广泛的应用。如德国、日本新建铁路的无砟轨道已达到线路总长的 70%~

80%，法国、中国台湾等高速线路都大量应用无砟轨道，荷兰、西班牙、意大利、韩国等世界各国也都积极进行无砟轨道的试验与试铺。国外主要有板式、双块式、长枕埋入式、弹性支撑块式、PACT及浮置板式无砟轨道等。大部分国家将无砟轨道铺设在隧道和桥梁上，部分国家铺设在路基上。以德国高速铁路为例，其在路基上铺设无砟轨道的技术经验对发展无砟轨道具有重要意义。进入20世纪90年代以来，为适应发展高速铁路的需求，我国开始针对高速铁路无砟轨道技术进行试验研究，提出适用于高速铁路桥、隧结构上的三种无砟轨道形式：长枕埋入式、弹性支承块式和板式无砟轨道。先后在秦岭隧道Ⅰ线铺设了弹性支承块式无砟轨道，在秦沈线双何、狗河、沙河桥上及渝怀线鱼嘴2号隧道、赣龙线枫树排隧道内分别试验铺设了长枕埋入式和板式无砟轨道，取得了一定的经验。自2005年开始，我国先后引进了国外高速铁路先进成熟的无砟轨道系统，包括德国的博格（Bogl）型、雷达（Rheda）2000型、旭普林（Zublin）型及日本板式轨道的《设计、制造、施工及相关接口技术》。2004年，我国在遂渝铁路线上建设了无砟轨道试验段，对各种轨道结构进行了系统试验研究，包括板式无砟轨道、双块式无砟轨道、无砟道岔等多种类型。试验段于2007年1月进行了实车试验，动车组试验最高速度227 km/h，货物列车最高试验速度141 km/h，这标志着我国铁路无砟轨道试验段建设成功，并为我国客运专线无砟轨道技术再创新打下了坚实的基础。此后，在京津、武广、郑西、京沪、哈达等客运专线的建设中，积极推广和研究开发无砟轨道，在桥梁、隧道和路基上均大量采用了板式无砟轨道和双块式无砟轨道。

6 世界高速铁路发展状况

6.1 世界高速铁路列车速度的演变

20 世纪 60 年代以来，高速铁路在世界发达国家蓬勃兴起，列车速度不断提升。1964 年 10 月世界上第一条高速铁路日本东海道新干线最高运行速度达到 210 km/h，此后列车试验速度不断刷新。1981 年 2 月法国 TGV 试验速度达到 380 km/h，1988 年 5 月德国 ICE 把这一速度提高到 406.9 km/h，半年后法国人创造了 482.4 km/h 的新纪录；1990 年 5 月 18 日法国 TGV-A 型高速列车把试验速度提高到 515.3 km/h，2007 年 4 月 3 日法国 TGV 最新型"V150"超高速列车试验速度达到 574.8 km/h，创下了当今有轨列车试验速度的世界纪录。我国 1997 年～2007 年间，实施铁路既有线改造和六次大提速，使主要铁路干线的运行速度从 120 km/h 以下提高到了 160～250 km/h；2008 年 6 月 24 日我国建成的第一条京津高速铁路最高试验速度达到 394.3 km/h；2011 年 1 月京沪高速铁路最高试验速度达到 487.3 km/h，标志着中国高速铁路技术步入国际先进水平。

世界各国高速铁路试验最高速度见表 6-1，中国高速铁路试验速度见表 6-2。

表 6-1　1988 年～2011 年世界各国轮轨高速铁路试验最高速度

国　家	铁路线路	机车类型	机车型号	试验速度(km/h)	试验日期
意大利			TAV	319	1988
韩国			KTX	352.4	2004
德国			ICE	406.9	1988-05
日本	山阳新干线	电力机车	JR500	443	1996-07
中国	京沪高速铁路	电力动车组	CRH380BL	487.3	2011-01
法国	东欧线	电力动车组	TGV-V150	574.8	2007-04

表 6-2　1997 年～2011 年中国轮轨高速铁路试验速度统计

序　号	铁路线路	机车类型	机车型号	试验速度(km/h)	试验日期
1	北京环行铁道	电力机车	韶山 8 型	212.6	1997-01
2	京广铁路	电力机车	韶山 8 型	240	1998-06-24
3	秦沈客运专线	内燃动车组	NZJ2 神州号	210.7	2002-12-09
4	广深铁路	电力动车组	X2000 摆式	200	1998
5	广深铁路	电力动车组	DDJ1 大白鲨	223	1999-09
6	广深铁路	电力动车组	DJJ1 蓝箭	235.6	2000-10
7	广深铁路	电力动车组	DJF2 先锋	249.6	2001-11-11
8	秦沈客运专线	电力动车组	DJF2 先锋	292.8	2002-09-10

续上表

序 号	铁路线路	机车类型	机车型号	试验速度(km/h)	试验日期
9	秦沈客运专线	电力动车组	DJJ2 中华之星	321.5	2002-11-27
10	遂渝铁路	电力动车组	长白山号	234	2005-05
11	京津城际铁路	电力动车组	CRH2C 和谐号	370	2008-04-24
12	京津城际铁路	电力动车组	CRH3C 和谐号	394.3	2008-06-24
13	武广(两车重联)	电力动车组	CRH3C 和谐号	394.2	2009-12-09
14	郑西客运专线	电力动车组	CRH2C 和谐号	394.2	2010-02-06
15	沪杭客运专线	电力动车组	CRH380A 和谐号	416.6	2010-09-28
16	京沪客运专线	电力动车组	CRH380BL 和谐号	457	2010-12-03
17	京沪客运专线	电力动车组	CRH380AL 和谐号	486.1	2010-12-05
18	京沪客运专线	电力动车组	CRH380BL 和谐号	487.3	2011-01-09

6.2 世界高速铁路发展的三次浪潮

第一次浪潮(1964 年～1985 年)

1964 年 10 月,世界上第一条真正意义上的高速铁路是日本东海道新干线开通运营。该线路起自东京,终至(新)大阪,全长 515.4 km,运营速度 210 km/h。新干线的通车,标志着世界高速铁路新纪元的到来。东海道新干线在技术、商业、财政以及社会效益上都获得了极大的成功。由于运行效益好,日本于 1972 年又修建了山阳、东北和上越新干线。

日本新干线的成功,给欧洲国家以巨大冲击,法国、德国、意大利等国纷纷修建高速铁路。法国修建了东南 TGV 线、大西洋 TGV 线,意大利建成罗马至佛罗伦萨线。1981 年,法国高铁(TGV)在巴黎与里昂之间开通,如今已形成以巴黎为中心、辐射法国各城市及周边国家的铁路网络。除北美外,世界上经济和技术最发达的日本、法国、意大利、德国共同推动了高速铁路的第一次建设高潮。以日本为首的第一代高速铁路的建成,大力推动了沿线地区经济的均衡发展,促进了房地产、工业机械、钢铁等相关产业的发展,降低了交通运输对环境的影响程度,铁路市场份额大幅度回升,企业经济效益明显好转。

第二次浪潮(1985 年至 20 世纪 90 年代中期)

这一时期,高速铁路表现出新的特征。一是已建成高速铁路的国家进入高速铁路网规划建设阶段,日、法、德等国对高速铁路网进行了全面规划。日本于 1971 年通过了新干线建设法,并对全国的高速铁路网做出了规划,高速路网的建设开始向全国普及发展;意大利政府 1986 年批准了交通运输发展规划纲要,修建横连东西、纵贯南北、长达 1 230 km 的"T"形高速铁路网;德国于 1991 年 4 月批准了联邦铁路公司改建、新建铁路计划;法国 1992 年公布全国高速铁路网规划,20 年内新建高速铁路总里程 4 700 km。二是跨越国境的高速铁路网络逐步形成。法国、德国、意大利、西班牙、比利时、荷兰、瑞典、英国等欧洲大部分发达国家,大规模修建本国或跨国高速铁路,逐步形成欧洲高速铁路网络。1991 年,欧洲议会批准了泛欧高速铁路网规划,提出在各国边境地区实施 15 个关键项目,实现各个国家间高速铁路线的联网。

1994 年英吉利海峡隧道把法国与英国连接在一起,开创了第一条高速铁路国际联运线。1997 年,从巴黎开出的“欧洲之星”又将法国、比利时、荷兰和德国连接在一起。这次高速铁路的建设高潮,不仅是铁路提高内部企业效益的需要,更多的是国家能源、环境、交通政策的需要。三是高速铁路技术创新实现新突破。高速铁路建设在日本等国所取得的成就影响了很多国家,促进了各国对高速铁路的关注和研究。为赶超日本,法国和德国先后着手进行过高速铁路试验。1981 年法国 TGV 最高试验速度达到 380 km/h,1988 年西德 ICE 达 406.9 km/h,1990 年法国 TGV 达 515.3 km/h,2007 年法国 TGV 又创造了 574.8 km/h 的高速轮轨铁路速度的世界纪录。1991 年瑞典开通了 X2000 摆式列车,1992 年西班牙引进法、德两国的技术建成 471 km 的马德里至塞维利亚高速铁路。欧洲国家高速铁路技术的进展反过来又“刺激”日本加大了技术研究和新型车辆的开发力度,使山阳新干线和东海道新干线的运行速度分别提高到 275 km/h 和 300 km/h。

第三次浪潮(20 世纪 90 年代中期至今)

1998 年 10 月在德国柏林召开的第三次世界高速铁路大会,将当前高速铁路的发展定为世界高速铁路发展的第三次高潮。参与第三次高速铁路建设的各个国家与前两次高速铁路建设不同,主要有五个特点:

(1)多数国家制定了修建高速铁路的总体规划,并按照规划逐步实施。

(2)虽然建设高速铁路所需资金较大,但从节约能源、减少环境污染、减少土地使用面积等诸多方面分析,修建高速铁路的社会效益显著,有利于促进沿线地区经济发展、加快产业结构调整等,成为各国政府的共识。

(3)高速铁路有利于促进地区之间的交往和平衡发展,欧洲国家已经将建设高速铁路列为一项政治任务,各国呼吁在建设中携手打破边界的束缚。

(4)高速铁路从国家公益投资转向多种融资方式筹集建设资金,建设高速铁路出现了多种形式融资的局面。

(5)高速铁路的技术创新正在向相关领域辐射和发展。

这次高潮波及到亚洲(韩国、中国台湾、中国)、欧洲、北美洲、澳洲等,在世界范围内掀起了建设高速铁路的复兴运动。1992 年以来,俄罗斯、韩国、中国台湾、澳大利亚、英国、荷兰等国家和地区先后开始了高速铁路新线的建设。为了形成欧洲高速铁路网,东部和中部欧洲的捷克、匈牙利、波兰、奥地利、希腊以及罗马尼亚等国家正对干线铁路进行改造,全面提速。亚洲(韩国、中国)、北美洲(美国)、澳洲(澳大利亚)也都掀起实施既有铁路改造提速及建设新线高速铁路的高潮。

6.3 世界高速铁路的成就与展望

高速铁路是世界铁路的一项重大技术成就,它集中反映出一个国家铁路线路结构、列车牵引动力、高速运行控制、高速运输组织和经营管理等方面的技术进步,也体现了一个国家的科技和工业水平。高速铁路是社会经济发展和运输市场竞争的需要,它促进了地区的经济发展和城市一体化进程,在经济发达、人口密集地区的经济效益和社会效益尤为突出。

世界铁路历史发展证明,高速铁路是经济社会发展的必然趋势。自 1825 年英国修建了世界第一条铁路以来，由于运输速度和运输能量上的优点，铁路在很长的历史时期内成为各国的交通运输骨干。从20世纪50年代开始，公路和航空运输迅速发展，使铁路在速度上居于劣势，长途客运受航空运输排挤，短途客运被汽车运输取代，铁路进入“夕阳产业”的被动局面。进入20世纪70年代以后，由于能源危机、环境恶化、交通安全等问题的困扰，人们重新认识到铁路的价值。特别是高速铁路以其速度快、运能大、能耗低、污染轻等一系列技术优势，适应了现代社会经济发展的新需求。作为快速、安全、高效和优质的交通方式，高速铁路已成为许多国家旅客运输发展的共同趋势。

世界高速铁路的发展方兴未艾。据可查资料统计（表6-3），截止2012年12月，全世界高速铁路营业里程总长24 340 km，分布在20个国家或地区，其中中国占38.4%左右，居世界第一。

表6-3 世界各国高速铁路运营里程统计（截止2012年12月）

序号	国家及地区名称	高速铁路运营里程(km)	高速铁路在建里程(km)	高速铁路总里程(km)
1	中国	9 356	12 729	22 085
2	日本	2 388	776	3 164
3	法国	1 872	730	2 602
4	德国	1 032	378	1 410
5	西班牙	2 665	1 781	4 446
6	意大利	1 342	92	1 434
7	俄罗斯	780	400	1 180
8	中国台湾	345	0	345
9	比利时	209	0	209
10	葡萄牙	0	1 057	1 057
11	土耳其	447	758	1 205
12	韩国	412	302	714
13	英国	1 574	0	1 574
14	荷兰	120	0	120
15	瑞士	35	72	107
16	挪威	0	63	63
17	乌兹别克斯坦	344	0	344
18	奥地利	322	221	543
19	波兰	224	0	224
20	保加利亚	81	380	461
21	希腊	10	570	580
22	丹麦	0	60	60
23	沙特阿拉伯	0	440	440
24	瑞典	782	82	864
25	阿尔及利亚	0	66	66
合计		24 340	20 957	45 297

目前开行 200 km/h 以上高速列车的国家有中国、日本、法国、德国、意大利、西班牙、比利时、荷兰、瑞典、英国、美国、俄罗斯、韩国等,正在积极建设或规划建设的还有加拿大、澳大利亚、印度等国。欧洲国家规划 2020 年将形成一个新建高速铁路 10 000 km 和改建既有线 15 000 km的泛欧高速铁路网;美国加利福尼亚州和佛罗里达州也将建造高速铁路。

展望未来,世界高速铁路技术的发展主要有以下特点:

(1)提高线路质量,采用无砟轨道和无缝线路,长期保持线路的稳定性和几何尺寸的持久性,降低维修成本。

(2)高速列车正向 360～400 km/h 迈进,摆式列车、双层客车也有所发展。

(3)250 km/h 以上的高速列车采用动力分散型是大势所趋。

(4)降低轴荷已引起许多国家的重视,日本 500 系、700 系的轴重分别为 10.8 t 和 11.2 t,ICE_3 为 12.5 t。

(5)复合制动系统的研究与发展。

(6)高速铁路安全保障措施——列车运行控制系统正在积极研发中,主要是基于无线通信、卫星定位和智能化的自动控制技术相整合的综合系统是今后的发展主流,欧洲已制订 FCS 标准。

7 中国高速铁路发展状况

7.1 既有铁路大面积提速

全国铁路大面积提速，是一项庞大的系统工程。针对中国铁路提速前的 1993 年，全国列车平均旅行速度仅有 48 km/h，铁路客运开始面对来自高速公路及民航的激烈竞争，铁路客流量不断下降，铁路客运面临亏损的被动局面。为适应运输市场变化，提升铁路客运的竞争力，增加铁路经济效益，铁道部从 1995 年开始制定战略规划，通过 1997～2007 年间先后实施六次大提速过程中的一系列提速综合试验及上百个科研课题的研究，取得了大量拥有自主知识产权的科研成果，研发了成套技术装备，解决了提速设计和施工的关键技术，形成 160～200 km/h铁路的技术标准体系。

1997 年 4 月 1 日，第一次大提速。

第一次提速范围主要在京广、京沪、京哈三大干线进行。全路开行了运行速度 120～160 km/h的跨局特快旅客列车 8 对，夕发朝至旅客列车 78 列，沪宁、郑武、沈山、京秦等区段开行了不同数量的城际特快旅客列车。这次提速后，我国有120 km/h的线路 1 398 km，140 km/h的线路 588 km，160 km/h 的线路 752 km。

1998 年 10 月 1 日，第二次大提速。

第二次提速的重点是在京沪、京广、京哈三大干线上延展提速区段，增加提速列车数量。三大干线大部分区段特快旅客列车运行速度都超过 120 km/h。特快旅客列车达到 80 对，夕发朝至旅客列车 116 列，行包专列 8 对。以北京为中心，1 200 km 范围内的大城市间基本实现了夕发朝至。这次提速允许超过 120 km/h 的线路 6 449 km，超过 140 km/h 的线路 3 522 km，超过 160 km/h 的线路 1 104 km。

2000 年 10 月 21 日，第三次大提速。

第三次提速的重点是陇海、兰新、京九等线和沪昆线浙赣段。开行特快旅客列车 142 对，夕发朝至旅客列车 266 列，行包专列 14 对。以北京、上海、广州为中心，实现夕发朝至的范围进一步扩大，并相应提高运行速度。如北京西—乌鲁木齐、上海—乌鲁木齐、北京西—南昌间旅行时间由原来的 61 h、65 h 和 19 h，分别压缩到48 h、51 h 和 16 h。这次提速允许超过 120 km/h的线路 9 581 km，超过 140 km/h 的线路6 458 km。

2001 年 10 月 21 日，第四次大提速。

第四次提速是在前三次提速成果的基础上，进一步优化资源配置，完善提速网络。提速范围主要是京九线、武昌一成都(汉丹、襄渝、达成)、京广线南段、浙赣线和哈大线。实施新列车运行图，全路开行旅客列车共 1 194.5 对，跨局长途旅客列车为 363 对，列车运行时间进一步压缩。如京九线北京西至深圳，全程2 372 km，运行 23 h 58 min，比过去压缩 5 h 51 min；武昌至成都经由汉丹、襄渝、达成线，全程 1 598 km，运行 16 h 30 min，压缩 5 h 36 min；沪昆线杭州至株洲,全程 954 km,运行 11 h 50 min,压缩 2 h 49 min;哈大线大连至哈尔滨,全程 944 km,运行 9 h 25 min,压缩 2 h 30 min。这次提速允许超过 120 km/h 的线路13 166 km,超过 140 km/h 的线路 9 779 km。

2004 年 4 月 18 日,第五次大提速。

为适应客货运输增长的需要,这次提速采取压缩追踪间隔等措施,实施提速调图,开行 19 对直达特快列车,部分列车 200 km/h。提速线路里程达 16 500 km,其中 160～200 km/h 线路 7 700 km。以北京、上海、广州为中心,连接全国主要城市的铁路旅客列车运行时间明显缩短,形成以三城市为圆心,半径在 2 000～2 500 km 的城市间旅客列车实现一日到达,半径在 1 200～1 500 km 的城市间实现夕发朝至,半径在500 km 左右的城市间实现朝发夕归的三个品牌。

2007 年 4 月 18 日,第六次大提速。

第六次提速重点是开行速度 200 km/h 等级动车组,部分区段速度达到 250 km/h;列车追踪技术间隔,客货列车分别缩短至 5 min、7 min;主要提速干线开行轴重 25 t 双层集装箱列车。这次提速 200 km/h 等级的主要线路是京哈、京沪、京广、广深、陇海、胶济、武九及沪昆线的浙赣、沪杭段等 25 个路段。新的列车运行图开行动车组 257 对和夕发朝至列车 337 列。这次提速使运行速度 200 km/h 及以上的路段总长达6 003.8 km(表 7-1),其中在 864 km 线路上列车最高运行速度可达到 250 km/h。

表 7-1 提速 200 km/h 等级线路汇总表

序号	线路名称	方向	提速区段		延长公里	线路里程(km)	改造工程
1	京哈线	上下行	通州—丰润	K27.24～K148.4	242.4	1 106.4	电化技改、专项改造
		上下行	山海关—皇姑屯	K319～K697	756.0		路基工点病害整治
		上下行	蔡家沟—五家	K1172～K1226	108.0		专项改造
2	京沪线	上下行	周里庄—青县	K164.2～K218.8	112.8	694.6	电化技改
		上下行	捷地—长庄	K260.8～K363.6	205.6		电化技改
		上下行	高家营—符离集	K810.6～K859	96.8		电化技改
		上下行	宿州—唐南集	K877.2～K918.2	82.0		电化技改
		上下行	镇江南—奔牛	K1217.8～K1269.2	102.8		电化技改
		上下行	昆山—上海	K1102.7～K1450	94.6		电化技改
3	京广线	上下行	窦店—漕河	K30.2～K123.1	185.8	952.8	专项改造
		上下行	元氏—邢台	K309.3～K377.6	136.6		专项改造
		上下行	鹤壁—卫辉	K532.05～K571.65	79.2		专项改造
		上下行	官亭—漯河	K732.2～K815.9	167.4		专项改造
		上下行	漯河—长台关	K821～K956	270.0		专项改造
		上下行	李家寨—陈家河	K1008.5～K1065.4	113.8		专项改造
4	广深线	上下行	新塘—红海	K39.8～K61.4	43.2	43.2	电化技改
5	陇海线	上下行	徐州西—郑州东	K232.6～K563	660.8	828.4	专项改造
		上下行	咸阳—常兴	K1096～K1179.8	167.6		电化技改

续上表

序号	线路名称	方向	提速区段		延长公里	线路里程(km)	改造工程
6	沪昆线	上下行	白鹿塘—塘雅	K222.5～K344.6	244.2	1 507.0	电化技改
		上下行	白龙桥—贵溪	K369.7～K639.9	540.4		电化技改
		上下行	鹰潭—彬江	K646.5～K934.9	564.8		电化技改
		上下行	两村—白源	K991.1～K1015	47.8		电化技改
		上下行	姚家洲—五里墩	K1035.7～K1090.6	109.8		电化技改
7	胶济线	上下行	娄山—历城	K23.2～K345.2	644.0	644.0	电化技改
8	武九线	上下行	何刘—阳新	K38.4～K152.1	227.4	227.4	增建二线
合　计					6 003.8	6 003.8	

综上所述，经过第六次大面积提速，中国既有铁路旅客列车运行 120 km/h 及以上的线路里程达到22 000 km，160 km/h 及以上的线路达到 14 000 km，200 km/h 及以上的高速线路达到 6 004 km，250 km/h 及以上的高速线路达到 864 km。标志着我国铁路系统全面掌握了既有线 200 km/h 及以上的提速改造技术，为进一步发展高速铁路奠定了坚实的理论和技术基础。

7.2 高速铁路发展规划

我国高速铁路的发展蓝图是 2004 年 1 月经国务院批准的《中长期铁路网规划》确定的。规划确定了“扩大规模、完善结构、提高质量、快速扩充运输能力、迅速提高装备水平”的铁路网发展目标。2008 年，国务院根据我国综合交通体系建设的需要，对《中长期铁路网规划》进行调整，确定到 2020 年，全国铁路营业里程达到 120 000 km 以上，建设客运专线 16 000 km 以上，复线率和电化率分别达到 50%和 60%以上，主要繁忙干线实现客货分线，基本形成布局合理、结构清晰、功能完善、衔接顺畅的铁路网络，运输能力满足国民经济和社会发展需要，主要技术装备达到或接近国际先进水平。

为满足快速增长的旅客运输需求，建立省会城市及大中城市间的快速客运通道，进一步延伸并扩大客运专线覆盖面，加强客运专线之间相互连通和衔接；加强城际客运系统的建设，加快长株潭、成渝、中原、武汉、关中、海峡西岸城镇群等经济发达和人口稠密地区的城际轨道交通建设步伐，并与既有线提速改造工程相衔接。未来我国将形成连接所有省会及 50 万人口以上的城市，覆盖全国 90%以上人口，总里程达到50 000 km 以上的快速客运网，这将大大缩短城市间时空距离，省会城市间总旅行时间节省 50%以上。

根据《中长期铁路网规划》，中国高速铁路发展以“四纵四横”和城际快速客运系统为重点，构建快速客运网的主要骨架，形成快速、便捷、大能力的铁路客运通道，逐步实现客货分线运输。

“四纵客运专线”：(1)北京—上海高速铁路，全长 1 318 km，贯通环渤海和长江三角洲东部沿海经济发达地区；(2)北京—武汉—广州—深圳(香港)高速铁路，全长 2 350 km，连接华北、华中和华南地区；(3)北京—沈阳—哈尔滨(大连)高速铁路，全长 1 612 km，连接东北和关内地区；(4)上海—杭州—宁波—福州—深圳高速铁路，全长 1 650 km，连接长江三角洲、东南沿海、珠江三角洲地区。

"四横客运专线":(1)青岛—石家庄—太原高速铁路,全长906 km,连接华东和华北地区;(2)徐州—郑州—兰州高速铁路,全长1 346 km,连接华东和西北地区;(3)上海—南京—武汉—重庆—成都高速铁路,全长1 922 km,连接华东、华中和西南地区;(4)上海—杭州—南昌—长沙—昆明高速铁路,全长2 264 km,连接华东、华中和西南地区。

城际快速客运系统:重点建设以环渤海地区、长江三角洲地区、珠江三角洲地区以及辽中南、山东半岛、中原地区、江汉平原、湘东地区、关中地区、成渝地区、海峡西岸等经济发达和人口稠密地区的城际快速客运系统。

我国《中长期铁路网规划》有以下特点:

(1)实现客货分线。针对我国主要铁路干线能力十分紧张,除秦沈客运专线外,均为客货混跑模式,客运快速与货运重载难以兼顾,无法满足客货运输的需求,并影响旅客运输质量提高的实际情况,《中长期铁路网规划》提出,实施客货分线,专门建设客运专线,在建设较高技术标准"四纵四横"客运专线的同时,为满足经济发达的城市密集群的城际间旅客运输日益增长的需求,规划以环渤海地区、长江三角洲地区、珠江三角洲地区为重点,建设城际快速客运系统。

(2)完善路网布局。长期以来,我国铁路网布局一直呈现着不合理态势,特别是在广大西部地区,运网稀疏,运能严重不足,与东中部的联络能力差。为此《中长期铁路网规划》提出,2020年前,以西部地区为重点,新建一批完善路网布局和西部开发性新线,全面提高对地区经济发展的适应能力。西部地区在加快青藏铁路等新线建设的同时,集中力量加强东西部之间通道的建设,在西北至华北及华东、西南至中南及华东间形成若干条便捷、高效的通道,形成路网骨架,满足东西部地区客货交流的需要。东中部地区新建一批必要的联络线,增强铁路运输机动灵活性。新建和改扩建新疆通往中亚,东北通往俄罗斯,云南通往越南、老挝等东南亚国家的出境铁路通道,为扩大对外交流服务。

(3)提升既有能力。根据我国资源分布、工业布局的实际,结合国民经济和社会发展的需要,《中长期铁路网规划》提出,在建设客运专线和其他铁路线路的同时,加强既有铁路技术改造,扩大运输能力,提高路网质量。第一,以京哈、京沪、京九、京广、陆桥、沪汉蓉、沪昆等七条既有干线为重点,增建二线和电气化改造,扩大既有主干线的运输能力。第二,根据煤炭行业发展规划,结合铁路煤炭运输径路的实际,通过建设客运专线实现客货分线和对既有煤运通道进行扩能改造,形成铁路煤运通道18亿t的运输能力。第三,在加快新线建设和既有线改造的同时,系统安排枢纽建设,强化重点客站,并与其他交通运输方式有机衔接;调整主要编组站,建设机车车辆检修基地,完善枢纽结构,使铁路点线能力协调发展,系统提高运输能力、运输质量和运输效率,最大限度地发挥路网整体作用。第四,在北京、上海、广州等直辖市、省会城市及港口城市布局并建设18个集装箱中心站和40个左右靠近省会城市、大型港口和主要内陆口岸集装箱办理站,发展双层集装箱运输通道,使中心站间具备开行双层集装箱列车的条件。

(4)推进技术创新。由于过去对国外高新技术的跟踪、研究、推广应用力度不够,关键技术的自主研发能力、引进技术的消化吸收能力和国产化水平不高,使得我国铁路技术装备水平总体上仅相当于发达国家20世纪80年代水平,高速动车组的技术尚处于研发阶段。《中长期铁路网规划》提出,要把提高装备国产化水平作为"十一五"和今后铁路建设一项重要内容来抓。以客运高速和货运重载为重点,坚持引进先进技术与自主创新相结合,快速提升铁路装备水平，早日达到或接近发达国家水平。对 200 km/h 以上的机车车辆及动车组，要充分整合国内资源，采取国际合作、科研攻关等措施尽快实现国产化。对重载货运机车、车辆系统，要引进关键技术，提升设计制造水平。为适应客运高速、快速和货运重载的要求，要提高线桥隧涵、牵引供电、通信信号技术水平。广泛应用信息网络技术，实现铁路信息化。提升技术装备水平，提高劳动生产率、资源使用效率和运营效益。

7.3 高速铁路建设成就

在《中长期铁路网规划》指导下，中国铁路拉开了以“四纵四横”客运专线和城际快速客运系统为重点的大规模高速铁路建设序幕。主要通过高速铁路试验线、新干线、新型客站和综合配套设施的建设，取得了举世瞩目的成就。

7.3.1 高速铁路试验线建设

我国铁路运输作为交通运输骨干，在国民经济中占据重要地位。为了发展高速铁路技术，我国自 20 世纪 90 年代开始进行高速铁路试验研究。

1998 年 8 月，我国广深铁路率先开行 X2000 摆式高速动车组达到 200 km/h。2004 年广深铁路既有线改造完工，首次开行 160 km/h 的国产快速旅客列车(图7-1)，被誉为中国高速铁路成长、成熟的“试验田”。

图 7-1 广深铁路开行快速旅客列车(160 km/h)

1999 年 8 月开工建设秦沈客运专线，全长 405 km，2003 年 10 月 12 日开通运营。秦沈客运专线是我国第一条 200 km/h 的双线电气化无砟轨道铁路，其中有66.8 km 的线路可作 300 km/h 的高速试验线。2002 年 11 月 27 日，“中华之星”动车组试验列车最高速度达321.5 km/h。如图 7-2 所示。

2003 年 2 月 25 日开工建设 200 km/h 客货共线的遂渝铁路，全长 120 km，2005 年 4 月 23 日完成全线铺轨，2005 年 5 月进行综合试验，“长白山”动车组最高试验速度达到 234 km/h，2006 年 4 月 1 日正式开通运营。与此同时，为发展无砟轨道技术，在遂渝铁路引入重庆枢纽 13.16 km 地段开展了试验研究，2004 年 9 月开始动工，2007 年 1 月完成测试。2009 年 9 月26 日，重庆开往成都 200 km/h 的 CRH1 型和谐号动车组运行成功。如图 7-3 所示。

2007 年 4 月 18 日，新建广深铁路三、四线开通运营 200 km/h 和谐号动车组，成为我国第一条客货分线，实现完全公交化的城际客运专线铁路。如图 7-4 所示。

7.3.2 高速铁路新干线建设

1. 京津高速铁路

京津高速铁路是我国第一条真正意义上的高速铁路，全长 120 km。连接首都北京和天津两大直辖市，沿途设北京南、亦庄、武清、天津等 4 座车站，预留永乐站。设计最高速度 350 km/h、

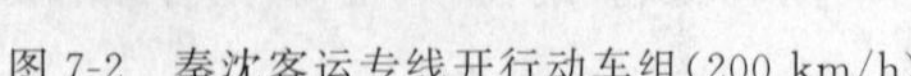

图 7-2 秦沈客运专线开行动车组(200 km/h)

图 7-3 遂渝铁路开行 CRH$_1$ 型和谐号动车组(200 km/h)

图 7-4 广深铁路三、四线开行 CRH$_1$ 型和谐号动车组(200 km/h)

无砟轨道、无缝线路、双线电气化。2005 年 7 月 4 日开工建设,2007 年 12 月 15 日全线铺通,2008 年 8 月 1 日开通运营。2008 年6 月24 日开行 CRH$_3$ 型和谐号动车组最高试验速度达 394.3 km/h。如图 7-5 所示。

图 7-5 京津高铁开通运营(350 km/h)

2. 京广高速铁路

京广高速铁路是我国“四纵四横”客运专线之一,形成一条与京广铁路并行、纵贯我国南北、辐射范围最广的快速客运通道,也是世界上运营里程最长的高速铁路。北起首都北京,南到广州，全程 2 295 km。沿途经过北京、保定、定州、石家庄、邢台、邯郸、安阳、鹤壁、新乡、郑州、许昌、漯河、驻马店、信阳、孝感、武汉、咸宁、赤壁、岳阳、汨罗、长沙、株洲、衡阳、郴州、韶关、英德、清远、广州、深圳等城市，未来还将连接香港。设计最高速度 350 km/h、无砟轨道、无缝线路、双线电气化。建设过程中先后分段建设京石、石武、武广、广深四段。2005 年 6 月开工建设，2012 年 12 月 26 日全线开通运营。如图 7-6 所示。

图 7-6 京广高铁开通运营(350 km/h)

3. 郑西高速铁路

郑西高速铁路是我国建成的第一条穿越湿陷性黄土地区的高速铁路，全长 458 km。东起郑州铁路枢纽郑州东站，向西经过洛阳市、三门峡市、渭南市，西至西安枢纽的西安北站。设计最高速度 350 km/h、无砟轨道、无缝线路、双线电气化。2005 年 9 月 25 日正式开工建设，2010 年 2 月 6 日开通运营。如图 7-7 所示。

4. 京沪高速铁路

京沪高速铁路是我国《中长期铁路网规划》中技术水平最高的一项工程，也是新中国成立以来一次建设里程最长，投资最大，标准最高的高速铁路，全长 1 318 km。线路由北京南站至上海虹桥站，纵贯北京、天津、上海三大直辖市和冀鲁皖苏四省，连接环渤海和长江三角洲两大经济区，沿线设 24 个车站。设计最高速度 350 km/h、无砟轨道、无缝线路、双线电气化。2008 年 4 月 18 日开工，2011 年 6 月 30 日通车运营(图7-8)。2011 年 1 月该线开行 CRH380 型和谐号动车组最高试验速度达 487.3 km/h，标志着中国高速铁路技术步入国际先进水平。

图 7-7 郑西高铁开通运营(350 km/h)

图 7-8 京沪高铁开通运营(350 km/h)

截至 2012 年 12 月底统计(表 7-2～表 7-4),1999 年～2012 年中国已建成 26 条高速铁路新线运营里程达 9 356 km,在建高速铁路 28 条计 12 729 km,规划建设 12 条计 4 603 km。

表 7-2 中国高速铁路运营里程统计

序号	线路名称	运营里程(km)	设计时速(km/h)	开工日期	开通日期
1	秦沈客专(秦皇岛—沈阳)	405	200～250	1999.08	2003.10
2	遂渝铁路(遂宁—重庆)	120	200～250	2003.02	2006.04
3	京津城际(北京—天津)	120	350	2005.07	2008.08
4	武广客专(武汉—广州)	1 068	350	2005.06	2009.12
5	郑西客专(郑州—西安)	485	350	2005.09	2010.02
6	沪宁城际(上海—南京)	300	350	2008.08	2010.07
7	沪杭客专(上海—杭州)	202	350	2009.02	2010.10
8	京沪高铁(北京—上海)	1 318	350	2008.04	2011.06
9	广深港客专(广州—深圳—香港)	105	350	2008.04	2011.12
10	哈大客专(哈尔滨—大连)	904	350	2007.08	2012.12
11	石武客专(石家庄—武汉)	841	350	2008.10	2012.09
12	京石客专(北京—石家庄)	281	350	2008.10	2012.12
13	合宁铁路(合肥—南京)	166	250	2005.06	2008.04
14	胶济四线(青岛—济南)	170	250	2007.01	2008.12
15	石太客专(石家庄—太原)	190	250	2005.06	2009.04
16	合武铁路(合肥—武汉)	359	250	2005.08	2009.04
17	温福铁路(温州—福州)	298	250	2005.01	2009.09
18	福厦铁路(福州—厦门)	275	250	2005.09	2009.12
19	长吉城际(长春—吉林)	96	250	2007.05	2010.12
20	海南东环(海口—三亚)	308	250	2007.09	2010.12
21	厦深铁路(厦门—深圳)	502	250	2007.11	2011.01
22	甬台温铁路(宁波—台州—温州)	282	200～250	2004.12	2009.09

续上表

序号	线路名称	运营里程(km)	设计时速(km/h)	开工日期	开通日期
23	成灌铁路(成都—都江堰)	66	200～250	2008.11	2010.05
24	昌九城际(九江—南昌)	92	200～250	2007.06	2010.06
25	广珠城际(广州—珠海)	142	200～250	2005.12	2010.12
26	汉宜铁路(武汉—宜昌)	291	200～250	2008.09	2012.07
合计		9 356			

表 7-3　中国在建高速铁路统计

序号	线路名称	线路长度(km)	设计时速(km/h)	开工日期	开通日期
1	津秦客专(天津—秦皇岛)	261	350	2008.11	在建
2	宁杭客专(南京—杭州)	249	350	2008.12	在建
3	蚌福高铁(蚌埠—福州)	941	350	2009.01	在建
4	杭甬客专(杭州—宁波)	152	350	2009.03	在建
5	盘营客专(盘锦—营口)	90	350	2009.05	在建
6	西宝客专(西安—宝鸡)	138	350	2009.11	在建
7	杭长客专(杭州—长沙)	984	350	2009.12	在建
8	长昆客专(长沙—昆明)	1 168	350	2010.07	在建
9	成渝客专(成都—重庆)	308	350	2010.09	在建
10	贵广铁路(贵阳—广州)	857	250	2008.01	在建
11	南广铁路(南宁—广州)	577	250	2008.11	在建
12	成绵乐城际(成都—乐山)	323	250	2009.07	在建
13	兰新客专(兰州—乌鲁木齐)	1 776	250	2009.11	在建
14	大西客专(大同—西安)	678	250	2009.12	在建
15	广西沿海南钦、钦北、钦防铁路	250	250	2009.12	在建
16	吉珲客专(吉林—珲春)	359	250	2010.01	在建
17	青荣城际(青岛—荣城)	299	250	2010.03	在建
18	沈丹客专(沈阳—丹东)	207	250	2010.03	在建
19	成西铁路(成都—西安)	660	250	2010.12	在建
20	兰渝铁路(兰州—重庆)	824	200～250	2008.09	在建
21	云桂铁路(昆明—南宁)	716	200～250	2009.12	在建
22	向莆铁路(向塘—莆田)	636	200～250	2007.11	在建
23	渝利铁路(重庆—利川)	164	200～250	2008.12	在建
24	湘桂铁路(衡阳—南宁)	724	200～250	2008.12	在建
25	宁安铁路(南京—安庆)	257	200～250	2008.12	在建
26	汉孝城际(武汉—孝感)	62	200～250	2009.03	在建
27	青连铁路(青岛—连云港)	197	200～250	2009.01	在建
28	丹大铁路(丹东—大连)	292	200～250	2010.03	在建
合计		12 729			

表 7-4 中国规划建设高速铁路统计

序号	线路名称	线路长度(km)	设计时速(km/h)	备注
1	西银铁路(西安—银川)	600	350	规划建设
2	武宁城际(武汉—咸宁)	90	300～350	规划建设
3	京沈客专(北京—沈阳)	705	350	规划建设
4	京唐城际(北京—唐山)	150	350	规划建设
5	成贵客专(成都—贵阳)	633	250	规划建设
6	郑徐客专(郑州—徐州)	362	350	规划建设
7	宝兰客专(宝鸡—兰州)	400	350	规划建设
8	南三龙铁路(南平—三平—龙岩)	227	300～350	规划建设
9	京张城际(北京—张家口)	174	200～250	规划建设
10	杭黄客专(杭州—黄山)	287	200～250	规划建设
11	成兰客专(成都—兰州)	730	200～250	规划建设
12	渝万客专(重庆—万州)	245	250	规划建设
	合　计	4 603		

根据《中长期路网规划》和工程建设进度，预计到 2020 年，上述在建高速铁路全部建成通车后，中国新建高速铁路将超过 20 000 km，加上其他新建铁路和既有线提速线路，初步形成以高速铁路为骨架，总体规模达50 000 km的快速铁路网，连接全国所有省会城市和 50 万人口以上城市，覆盖全国 90% 以上人口。铁路运输能力总体上能够适应国民经济和社会发展需要，“人便其行、货畅其流”的目标将成为现实。邻近省会城市将形成 0.5～1 h 交通圈，北京到全国绝大部分省会城市将形成 8 h 以内的交通圈。例如 1 h 内能到达天津、石家庄等城市；2 h 能到达沈阳、济南、郑州、太原、呼和浩特等城市；3 h 能到达合肥、南京、长春等城市；4 h能到达上海、杭州、武汉、西安、哈尔滨等城市；除海口、乌鲁木齐、拉萨、台北外，北京到全国各省会城市都将在 8 h 以内。

7.3.3 高速铁路新型客站和综合配套设施建设

中国铁路新型客站建设，坚持“功能性、系统性、先进性、文化性、经济性”原则，集中体现以人为本的理念，最大限度地满足旅客的需求。新型客站的设计和建造做到了能力充足、功能完善、设施先进、节能环保，与地域文化有机融合，与其他交通方式紧密衔接，成为现代化的综合交通枢纽。截至 2012 年，北京南、天津、上海虹桥、广州南、武汉、南京、青岛、深圳北、成都东等 295 座现代化铁路新客站，西安、青岛、成都等 9 个集装箱中心站和北京、上海、武汉、广州动车组维修基地已建成投入使用。杭州东、合肥南、南昌西、郑州东、西安北、哈尔滨西、北京丰台、重庆西、昆明东、贵阳北、兰州西等 235 个车站正在设计和建设中，预计 2013～2015 年将建成投入使用。

8 中国高速铁路的创新

为实现建设世界一流高速铁路的宏伟目标，中国铁路大力推进体制创新、管理创新、技术创新。

8.1 建设体制创新

在建设体制创新方面，创建了合资建路的崭新模式。铁道部与31个省市自治区签订了加快铁路建设的战略合作协议，新线建设项目基本上都是与地方政府或战略投资者合资，广泛吸引各方面资金投资铁路建设，形成集全社会之力建高铁、推进铁路现代化的生动局面。

8.2 建设管理创新

在建设管理创新方面，充分发挥我国铁路路网完整、运输集中统一指挥的优势，统筹利用铁路内外各方面科研力量和人力资源，形成强大合力。在铁路建设中，无论是工程管理部门，还是设计、施工、监理单位，都协调行动，组织起了强大的工程建设队伍；在技术装备制造中，无论是运营单位，还是制造企业、科研院所，都统一步调，形成了强大的研发制造体系。这种科学高效的管理模式，大大提高了我国高速铁路网建设的效率和效益。

8.3 建设技术创新

中国铁路立足国情路情，瞄准世界最先进水平，按照"先进、成熟、经济、适用、可靠"的技术方针，充分发挥后发优势，通过原始创新、集成创新和引进消化吸收再创新，在工程建造、高速列车、列车控制、系统集成、运营维护、客运服务等高速铁路技术领域实现了重大突破，形成了具有自主知识产权和世界先进水平的高速铁路技术标准体系，走出了一条自主创新的成功之路。目前已经颁布近百项高速铁路技术标准、规范、规程、指南等在全路推广应用。

8.3.1 工程建造技术

(1)路基工程技术。创新桩板结构、桩筏结构和预应力管桩、CFG桩等复合地基沉降控制技术，攻克了湿陷性黄土和软土地区沉降变形等控制难题，掌握了复杂地质条件下高速铁路地基处理和路基填筑技术。如图8-1所示。

(2)桥梁工程技术。系统掌握了常用跨度简支箱梁的制造、运输、架设成套技术，攻克了跨大江大河和高架站桥等复杂桥梁建设难题，建成武汉天兴洲长江大桥、南京大胜关长江大桥、济南黄河大桥、广珠西江大桥等世界一流的新型结构大跨度桥梁。如图8-2～图8-4所示。

(3)隧道工程技术。攻克了大断面复杂隧道、世界级风险岩溶隧道等复杂地质条件下的隧道设计和建设技术难题,建成山区高速铁路长大隧道群(图 8-5)和水下铁路隧道,实现了高速列车在隧道内以 350 km/h 交会。

(4)轨道工程技术。系统掌握了高速铁路有砟、无砟轨道成套技术,实现了大规模制造、铺设无砟轨道(图 8-6)。自主研制了满足 350 km/h 要求的高速道岔,掌握 500 m 长轨铺设、焊接成套技术,攻克了长大桥梁无缝线路技术难题。

(5)工程测量技术。采用三维绝对坐标定位和先进的测量手段、装备和方法(图 8-7),实现轨道的高平顺性,满足列车高速运行的要求。

图 8-1　CFG 桩与路基分层填筑

图 8-2　武汉天兴洲长江公铁路两用大桥

图 8-3　南京大胜关长江大桥

图 8-4　广珠西江斜拉连续刚构大桥

图 8-5　双线喇叭口隧道

图 8-6　高速铁路无砟轨道

图 8-7 无砟轨道几何状态测量

(6)牵引供电技术。构建了高速铁路牵引供电系统设计、施工、检测技术平台,研发了大容量供电、大张力接触网、高速接触网检测、远程监控等成套装备,攻克了高速列车重联运行接触网关键技术难题。如图8-8所示。

(7)客站建设技术。按照"功能性、系统性、先进性、文化性、经济性"客站建设的新理念,广泛采用大跨度钢架结构(图 8-9)、悬垂结构无柱雨棚设施以及冷热电三联供、智能化分级光控系统等先进技术,成为与地铁、公交、航空等多种交通方式紧密衔接的综合交通枢纽。

图 8-8 高速列车重联运行接触网

图 8-9 高速铁路新型客站(北京南站)

8.3.2 高速列车技术

(1)掌握 200～250 km/h 动车组列车技术。系统掌握了 200～250 km/h 动车组(和谐号 CRH1、CRH2 型)列车总成、车体、转向架、牵引变流器、牵引控制、牵引变压器、牵引电机、列车网络控制和制动系统等 9 大核心技术及空调系统、自动门等 10 项主要配套技术,全面构建了高速列车设计制造体系。如图 8-10 所示。

(2)自主创新时速 350 km 动车组列车技术。在 200～250 km/h 动车组列车技术的基础上,攻克了制约速度提升的技术难题,在动车组列车基础理论、关键技术、制造工艺、试验评估等方面实现了系统集成创新,成功搭建了 350 km/h 动车组技术平台,国产 350 km/h 动车组(和谐号 CRH3 型)大批量投入运营,表现出良好的运行品质。如图 8-11 所示。

(3)自主创新时速 380 km 动车组列车技术。以 350 km/h 动车组列车技术平台为基础,

图 8-10 和谐号 CRH1、CRH2 型动车组(200～250 km/h)

自主创新、成功研发制造了 380 km/h 新一代和谐号 CRH380A 型高速动车组列车(图 8-12),满足了长距离、大运量、高密度、旅行时间短等运输需求,并已投入上海—杭州、北京—上海高速铁路运营。

图 8-11 和谐号 CRH3 型动车组(350 km/h)

图 8-12 新一代和谐号 CRH380A 型高速动车组(380 km/h)

8.3.3 列车控制技术

系统掌握了满足 250 km/h 的 CTCS-2 级列车运行控制技术,成功应用于既有线第六次大提速和新建 250 km/h 的高速铁路;研发了具有世界领先水平的 CTCS-3 级列车运行控制系统,基于无线通信网络系统实现地面与动车组控车信息的双向实时传输,满足动车组 250 km/h及以上、最小追踪间隔 3 min 的安全运行要求,适应高速铁路高速度、高密度及不同速度等级动车组跨线运行的特点。如图 8-13 所示。

8.3.4 系统集成技术

系统掌握了高速铁路总体设计、接口管理、联调联试等关键技术,实现了高速铁路工务工程、动车组、牵引供电、通信信号、运营调度、客运服务等各子系统的集成,使整体系统功能达到最优;在不同速度等级列车混合运行、高速线与既有线互联互通、地车安全信息连续传输、轨道电路对无砟轨道适应性等方面,实现重大技术创新,形成了先进完善的高速铁路系统集成技术体系;建立了高速铁路综合试验体系,能够对高速铁路各系统接口匹配关系、设计参数整体运行性能、安全及环境保护等进行全面试验和评估。如图 8-14 所示。

图 8-13 高速列车监控中心

图 8-14 高速铁路系统联调联试

8.3.5 运营维护技术

(1)设备检测维修技术。研发了现代化高速综合检测列车,实现了基础设施检测自动化和养护维修的机械化。如图 8-15 所示。

(2)调度指挥技术。开发并广泛采用调度集中系统,全面实现运输调度集中统一指挥。如图 8-16 所示。

(3)安全防灾预警技术。研发并建立了防灾预警监测和自动应急处理系统,实现了对风、雨、雪、异物侵限等各类灾害的实时预警监控和自动应急处理。

(4)节能环保技术。积极开展高速铁路减振降噪、节能环保等技术攻关,大量采用新材料、新能源及现代信息技术,使高速铁路在节能环保方面的优势得到充分发挥。

8.3.6 客运服务技术

研制了适应客流量大、响应时间短、系统安全性高的综合客运服务系统,掌握了动态实时

图 8-15 高速综合检测车养护

图 8-16 列车调度指挥中心

客票席位策略化管理技术,自主创新开发了新型自动售/检票系统(图 8-17),较好地满足了旅客自助化、个性化、多样化的服务需求,列车保洁、餐饮实行专业化管理。

综上所述,我国经过高速铁路的研究与实践,已经掌握了高速铁路设计与施工的关键技术,实现了具有世界先进水平的客运动车组和施工装备的国产化,形成了具有世界先进水平和自主知识产权的中国高速铁路技术标准体系和成套的高速铁路建造技术。目前,我国已成为世界上高速铁路发展最快、运营里程最长、运营速度最高、在建规模最大、系统技术最全、集成能力最强的国家。

我国的高铁技术相对于德国、日本等发达国家有三个优势:一是从工务工程、通信信号、牵引供电、客车制造等方面,我国可以一揽子出口;二是我国高铁技术层次丰富,既可以进行200～250 km/h 的既有线改造,也可以新建 350 km/h 的新线路;三是我国高铁的建造成本较低,比其他发达国家低 20%左右,具有较好的经济和社会效益。这对于我国实施“走出去”战略具有重大意义。

图 8-17　自动售/检票系统

9 高速铁路系统集成

9.1 高速铁路系统构成

高速铁路系统由工务工程、牵引供电、列车运行控制、高速列车、运营调度、客运服务等子系统构成,如图 9-1 所示。

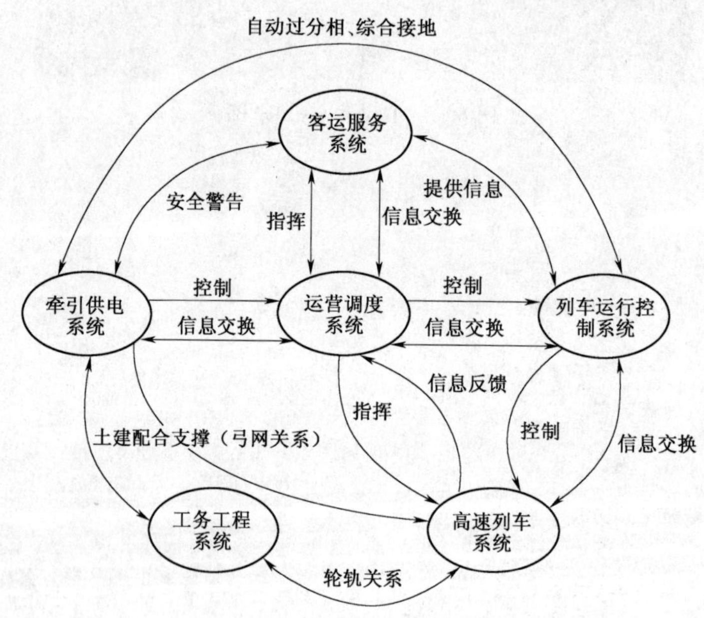

图 9-1 高速铁路系统结构图

(1)工务工程系统。工务工程是一个庞大的系统,涉及路基、桥涵、隧道和轨道等专业工程,还涉及路基与桥梁的过渡,路基与隧道的过渡、桥梁与隧道的过渡,以及路基和桥隧等线下基础与轨道结构的衔接等,与普速铁路相比采用了很多新技术和新工艺,其设计和施工控制标准高。为了达到高速铁路线路的运营要求,高速铁路工务工程系统既要为高速度运行的机车车辆提供高平顺性与高稳定性的轨面条件,又要保证线路各个组成部分具有一定的坚固性与耐久性,使其在运营条件下保持良好的状态。同时,要求建立严格的线路状态检测和保障轨道持久高平顺的科学管理系统。为满足列车的高速平稳运行,工务工程系统要求具备高平顺、高精度、小残变、少维修的轨道结构;高稳定性的轨下基础;宽大、独行的线路空间;高标准的环境保护;列车以设计速度开通运营;科学的轨道管理及严格的安全监控。

(2)高速列车系统。高速列车是高速铁路的核心技术装备和实现载体,是当代高新技术的集成，涵盖了信息通信、电子电力、材料化工、机械制造、自动控制等多学科、多专业，是世界各国科学技术和制造产业创新能力、综合国力以及国家现代化程度的集中体现和重要标志之一。高速列车不仅包含传统的轨道列车的车体、转向架和制动技术，还有复杂的牵引传动与控制、计算机网络控制、车载运行控制等关键技术。

(3)列车运行控制系统。高速铁路列车运行控制系统是集计算机、通信、自动控制技术为一体的综合控制与管理系统，采用电子器件或微电子器件作为控制单元，并利用集中管理、分散控制的集散式控制方式，是保证列车运行安全、提高行车效率的关键组成结构。

(4)牵引供电系统。牵引供电系统是高速铁路系统的能力保障子系统，主要功能是为高速铁路列车运行控制提供稳定、高质量的电能。牵引供电系统一般由供电系统、变电系统、接触网系统、SCADA 系统、电力系统等构成。总的来说，高速铁路电力牵引所需牵引功率更大、弓网作用关系更加复杂。与普通电气化铁路相比，高速铁路牵引供电系统具有两个特点：功率需求大，负荷电流大；交—直—交动车组功率因数高，谐波含量低。

(5)运营调度系统。运营调度系统是集计算机、通信、网络等现代化技术为一体的现代化综合系统。运营调度系统主要是铁路管理部门对运力资源进行动态调配，优化完成列车的计划、运行、设备维修等一系列任务，是完成高速铁路运输组织特别是高速铁路系统日常运营的根本保证。运营调度系统，涵盖运输计划管理、列车运行管理、动车管理、综合维修管理、车站作业管理、安全监控及系统维护等工作。调度指挥是围绕运输计划对资源进行动态调配的工作，反映出运输组织的具体执行过程，是铁路系统运转的中枢部位。调度模式的选取与运输组织特点、工作量大小和技术装备的水平都有着密切的关系。

(6)客运服务系统。客运服务系统的主要功能是处理与旅客运输服务相关的事件，主要包括发售车票、信息采集、信息发布、日常投诉处理、紧急救助、旅客疏散、旅客赔付和客户关系管理等工作。此外，还可提供统计分析功能，为管理层提供决策参考。客运服务系统由订/售票铁路票务系统、自动检票系统、旅客信息服务系统、市场营销策划决策支持系统等构成。客运服务系统是直接面向旅客的系统，一流的运营管理要求客运服务必须达到较高的水平，这除了良好的管理制度以及高素质的运营服务人员外，还涉及票务管理技术、旅客服务技术、市场营销策划技术、客运组织技术等。

9.2 系统集成

系统集成是指在系统工程科学方法的指导下，根据项目需求优选各种技术和产品，将各个分离的子系统连接成为一个完整、可靠、经济和有效的整体，并使之能彼此协调工作，发挥整体效益，达到整体性能最优。

高速铁路是信息技术、自动控制技术和新材料、新工艺等多种技术门类、多专业综合的高新技术集成，代表了当今世界铁路技术的最高成就。发达国家的实践表明，高速铁路具有很强的系统性，各子系统之间既自成体系，又相互关联、相互影响。高速铁路系统集成应注重各子系统间的标准匹配协调、接口设计协调、固定和移动设施匹配兼容，实现系统优化和有效运行。因此，在高速铁路建设中，必须尊重科学，尊重客观规律，高度重视系统集成工作，确保各子系统相互匹配，相互兼容，整体优化，协调运转。

高速铁路系统集成的目标：通过合理利用设计、施工、科研、管理、装备制造等资源，实现优化配置,使建设高速铁路这一庞大复杂的系统在技术上达到一流工程质量、一流装备水平、一流运营管理的目标。

中国高速铁路建设规模空前,技术复杂,举世瞩目,涉及设计、施工、装备制造、运营管理、养护维修等众多单位和部门,是一个庞大的系统工程,必须统一协调,精心组织,有序推进。

10 中国铁路技术体系

10.1 铁路技术体系的构建与发展

铁路技术体系的划分方式有两种：

(1)按传统构成铁路系统的各子系统划分，铁路技术体系由工务工程、机车车辆、牵引供电、通信信号、客运服务、运营管理等构成。

(2)按铁路线路的功能特点划分，铁路技术体系由既有铁路、重载铁路、高原铁路、高速铁路等构成。

这些构成部分看似各自独立，但却互相联系和相互影响。如工务工程与机车车辆(动车组)，虽有各自的设计、建(制)造、养护维修技术，且使用不同的原材料，但只有两者的有机结合，才能实现一定的行车组织目标(列车速度、密度与重量等)。在一定条件下，这种有机结合既互相影响又相互补充，如为提高列车运行的平稳性和乘坐的舒适度，可提高工程技术标准，也可进一步改善机车车辆(动车组)的性能。正是这种互相影响又相互补充的特性，围绕相同的目标，才构成了不同特色的技术体系。

先进的技术体系不是先进技术的叠加，而是先进、实用技术的有机结合，在实现既定目标，保障安全、可靠、环保的前提下，应采用最经济的方案。因此，在构建技术体系过程中，应选择先进、成熟、经济、适用、可靠的技术，并注重不同技术间的结合，即接口问题。

采用什么样的技术体系主要决定于设定的目标。当今世界铁路有三种类型:客运为主型、货运为主型、客货兼顾型。客运为主型的国家，铁路技术体系的构建与发展是围绕高速技术展开的;货运为主型的国家，铁路技术体系的构建与发展是围绕重载技术展开的;客货兼顾型的国家，尤其是客、货运量都比较大的国家，一般都寻求列车速度、密度、重量相互匹配的技术体系。

铁路技术体系的构建是个渐进的过程，也是不断调整与发展的过程。我国改革开放后，客、货运量增长很快，运量与运能的矛盾日益突出，扩大运能是当时铁路部门的中心工作，而提高运输能力主要采取提高货物列车重量、扩大旅客列车编组的办法。因此，在 20 世纪 90 年代前期，我国铁路构建的是以提高列车重量为核心的技术体系。1988 年的《铁路主要技术政策》是“大力提高列车重量，积极增加列车密度，适当提高列车速度”;1994 年的《铁路主要技术政策》是“大力提高列车重量，积极增加列车密度，努力提高列车速度”。随着社会主义市场经济的发展，对运输质量的需求越来越旺盛，铁路面临既要继续扩大运输能力，又要大力提高运输质量的双重压力。而运输质量的需求突出反映在速度上，旅客运输如此，尤其是高附加值、时效性强的货物运输也是如此。为适应社会发展与运输市场的需求，提高列车速度就成为我国铁路技术发展的重点。

2000 年和 2004 年原铁道部发布的《铁路主要技术政策》提出“普遍提高列车速度，积极加大列车密度,适当增加列车重量;在实现铁路现代化这一总目标的前提下,依靠科技进步与创新,建立客运高速、货运重载、行车高密度协调发展,高新技术与适用技术并举,不同等级技术装备并存的具有中国铁路特点的技术体系;建设大能力、高质量、高效率、安全可靠、环保型和全面信息化的现代化铁路;技术发展的方向是旅客运输高速化、快速化,货物运输重载化、快捷化,运营管理信息化,安全装备系统化,工程建设现代化,经营管理科学化”。这些都为构建我国铁路技术体系指明了目标和方向。

近十多年来,我国铁路部门以科学发展观为指导,瞄准世界先进水平,坚持需求牵引,紧密围绕和谐铁路建设需要,大力推进原始创新、集成创新和引进消化吸收再创新,走出了一条中国特色铁路自主创新之路,在既有线提速、重载运输、高原铁路、高速铁路、机车车辆装备等许多领域取得了一批重大技术创新成果,促进了我国既有铁路、重载铁路、高原铁路、高速铁路技术体系的发展。

10.1.1 既有线提速技术体系

经过研究、论证和试验,我国铁路以提速、扩能和电气化为重点,采用先进技术对既有线路进行了大规模技术改造,先后成功实施了六次大规模提速。通过第五次大面积提速,时速160 km提速技术更加成熟和完善。通过2007年实施第六次大面积提速,我国铁路系统完善了既有线提速200 km/h设计、施工、制造、试验、运营、管理和维修的系统集成成套技术,实现了200～250 km/h动车组、80～120 km/h货物列车和120 km/h、25 t轴重的双层集装箱共线运行,实现了旅客列车追踪间隔5 min,标志着我国既有线提速技术跻身世界先进行列,引领我国铁路进入高速时代。经过第六次既有线大面积提速后,中国铁路实现了客车运行速度120～160 km/h的线路达22 000 km,200～250 km/h的线路达6 004 km。

10.1.2 重载铁路技术体系

中国铁路在京哈、京沪、京广、陇海等主要干线普遍开行了5 000～6 000 t重载货物列车,扩大了运输能力。大秦铁路开行2万t重载组合列车,2007年以来,年运量均达到了34亿t以上。

大秦铁路是我国煤炭运输的主要通道。2003年,铁道部做出了在大秦铁路开行2万t组合列车的重大决策。围绕山区铁路通信信号可靠性、长大下坡道周期循环制动、长大列车纵向冲动三大技术难题,在列车同步操纵、无线数据传输、牵引、制动技术、车辆重载技术、基础设施强化技术、牵引供电强化技术、重载运输组织技术、重载组合列车优化操纵、综合维修技术等方面开展了一系列技术攻关工作,取得了突破性进展,系统掌握了重载运输成套技术,达到世界先进水平。

10.1.3 高原铁路技术体系

青藏铁路是世界上海拔最高、线路最长、施工技术难度最大的高原冻土铁路,2001年6月29日开工建设,2006年7月1日提前1年通车运营。在工程建设中,攻克了多年冻土、高寒缺氧、生态脆弱三大世界性工程难题,系统掌握了高原铁路建设成套技术,达到世界先进水平;在运营实践中,不断提升养护维修、运营安全、生态环保等技术,创新运输组织模式,提高铁路客货运输服务水平。自2006年7月开通以来,青藏铁路已安全运营7年时间,冻土区运行时速达 100 km。

10.1.4 高速铁路技术体系

高速铁路虽源于普通铁路,但又全方位地突破了普通铁路的概念。高速铁路是当代高新技术的集成,有其自身的技术特征。围绕"高速度、高密度、高安全性"可构成不同的高速铁路技术体系,如日本的新干线、法国的 TGV、德国的 ICE 等都各具特色。因此,各国发展高速铁路都必须根据自身的具体条件及运营要求,研究确定相应的技术体系。

1. 日本高速铁路

日本是第一个拥有高速铁路的国家,除高速度、高密度、高安全性的目标外,还把大运量列入构建高速铁路技术体系必须追求的目标。因此,采用了列车编组机动灵活、轴重小的动力分散型动车组,列车定员比较多。由于初期速度目标值为 240 km/h,线间距和隧道截面积都比较小,进一步提高速度只能靠强化动车组的性能。因此,形成了以动车组弥补土建工程之不足而实现高速行车的特点,随着速度的提高,新建新干线的线路技术标准也在不断提高。

2. 法国高速铁路

法国是迄今列车试验速度(574.8 km/h)和运营速度(320 km/h)最高的国家。法国采用高密度、不换乘或少换乘的运输组织方式;高速列车短小、定员少;高速线与既有线兼容;采用有砟轨道线路,最大坡度达 35‰;动车组采用动力集中方式(随着速度的提高,逐步向动力分散型发展)及铰接式车厢,车体短小,形成了独具特色的 TGV 高速列车系列。

3. 德国高速铁路

德国高速铁路的最大特点是客货列车混跑,高速线与既有线混用。与之相适应的线路标准高,大量采用无砟轨道及高新技术,客运专线型高速铁路的线路最大坡度达 40‰;采用动力集中方式(随着速度的提高,逐步向动力分散型发展)动车组;为适应线路维修与列车运行的需要,区间渡线设置较多;高速铁路的造价较高,但追求较低的生命周期成本。

4. 中国高速铁路

(1)高速铁路的运输组织模式。我国高速铁路的运输组织模式有以下三种类型:

1)高速客运专线。这种高速铁路建于客货运输都十分繁忙的通道上,一般沿既有线修建,设计速度达 350 km/h。承担本线到发与跨线客流的输送任务,采用 300 km/h 及以上的高速列车与 200～250 km/h 的跨线列车混合运行的运输组织模式。

2)城际铁路。这种高速铁路建于两相邻大城市间,设计速度为 200～250 km/h。主要承担两城市间到发客流的输送任务,采用高密度、短编组、公交化的运输组织模式。

3)快速客运通道。这种高速铁路建于客货运输潜在需求旺盛但还没有铁路的地区,设计速度为 200～250 km/h,主要承担吸引区内客货运输任务,采用 200～250 km/h 的旅客列车与 120 km/h 货物列车混合运行的运输组织模式。

(2)高速铁路技术体系的构建原则。

1)我国的高速铁路技术体系,遵循"博采众长,采用引进与自主开发相结合,立足技术创新,既容纳国际先进技术,又具有中国特点"的技术路线,满足高速度、高密度、大运量、长距离、高舒适性及多种运输组织形式需求,兼容不同速度等级的列车,配备多种编组形式的动力分散型动车组。

2)采用与无砟轨道相适应的高标准、少维修的基础设施。

3)建立智能化调度系统、列车自动控制系统和运营管理系统。

4)高度重视环境保护,追求高安全性、高可靠性和低运营成本。

10.2 中国高速铁路技术体系的内容和特点

10.2.1 高速铁路技术体系架构

经过40多年的发展,高速铁路技术逐渐形成以日、法、德三个国家为代表,适合各自国情和发展状况的技术体系。由于我国铁路在运输组织、路网结构、轨下基础、谐振式无绝缘轨道电路制式等方面与国外高速铁路存在差异,不可能完全照搬任何一国的技术体系。因此只有立足自我,充分利用我国多年来积累的技术储备,学习和借鉴国外高速铁路客运的经验,加强原始创新、集成创新和引进消化吸收再创新,系统设计、系统集成,构建中国特色的高速铁路技术体系。

2003年以来,我国铁路在引进、消化、吸收世界高速铁路先进技术的基础上,系统总结了多年来中国客运专线工程技术、科研试验成果,针对建设的关键技术问题,进一步开展了研究、试验、验证、预设计、工程设计咨询的创新和各系统集成攻关,初步形成了中国特色高速铁路技术体系。但有些技术还需要在长期的运营实践中不断调整和完善,如无砟轨道的维修方法与技术等。

随着高速铁路技术和信息技术的发展,我国的高速铁路系统演变为由工务工程、牵引供电、通信信号、动车组、信息系统、运用维修六个子系统构成,各子系统间自成体系,又相互关联,对整体性和系统性的要求高。为确保技术体系的完整性和各子系统之间紧密衔接,必须按系统工程施作,强化系统集成,统一协调高速铁路建设。

高速铁路系统技术体系架构如图10-1所示。

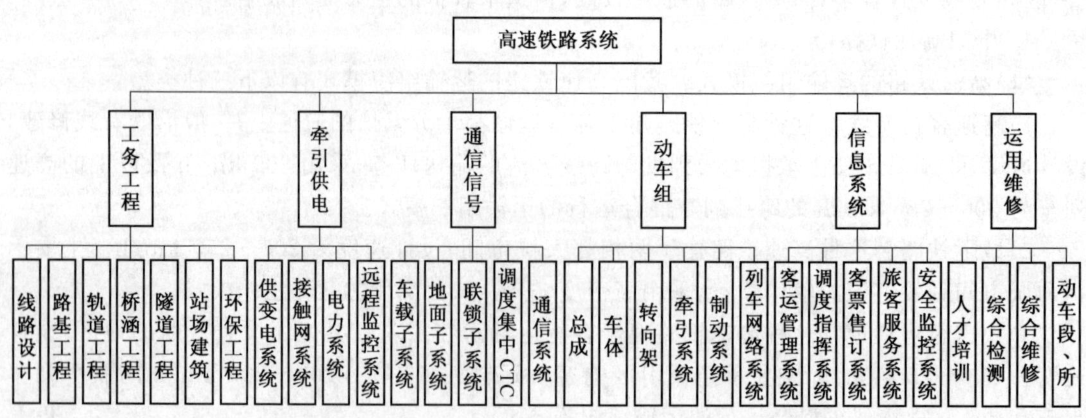

图10-1 高速铁路系统技术体系架构

10.2.2 工务工程技术体系

随着高速铁路的发展,线路技术日臻完善成熟。在线路技术方面,采用基床和路基强化技术、无砟轨道、无缝道岔、跨区间超长无缝线路等,提高了轨道平顺性、刚度均匀性,大大减少了维修工作量,保证了行车安全,满足了旅客对舒适度的要求。同时,为了解决与既有公路、道路立体交叉，节约宝贵土地资源，减少拆迁工程数量，控制无砟轨道铺设完成工后沉降，视地形、地貌、地质情况，采用高架线，以桥代路。

经过多年的技术攻关和试验研究，中国铁路部门依靠自己的力量，借鉴国外先进技术和成熟经验，制定了适用于旅客列车设计行车速度为 250～350 km/h 的《高速铁路设计规范》；完成了大量的选线选址、地质勘探、工程试验和工程设计；进行了软土地段路基及桥梁沉降控制，特大桥和长大隧道等关键技术的科研试验；对国内外先进的无砟轨道、扣件和高速道岔技术进行系统集成、创新、国产化；建立了我国高速铁路工务工程的技术体系。

1. 线路设计

(1)线路平面。因地制宜，合理选用，最小曲线半径一般条件不小于 7 000 m；缓和曲线采用三次抛物线型；夹直线和圆曲线长度一般条件下不小于 $0.8V_S$(V_S 为设计行车速度)。

(2)线路纵断面。区间正线最大坡度不大于 20‰；最小坡段的长度一般不小于 900 m；正线相邻坡段的坡度差 $\Delta i \geqslant 1‰$ 时，设置竖曲线的半径不小于 25 000 m；站坪坡度困难条件下不大于 1‰；线路设计为全立交、全封闭。

2. 路基工程

路基工程设计要求：

(1)路基主体工程设计使用寿命 100 年。

(2)有砟(无砟)路基宽 13.8 m(13.6 m)，线间距 5 m，路肩宽度 1.4 m，线路中心至接触网杆净距 3.1 m (3.0 m)，轨道高度 0.89 m(0.756 m)。

(3)接触网杆基础、电缆沟槽、声屏障基础，应与路基同步设计、同步施工。

(4)严格控制路基工后沉降变形量。无砟轨道路基工后沉降变形量一般不大于 15 mm；过渡段交界处的差异沉降量小于 5 mm，弯折角不大于 1‰；有砟轨道路基工后沉降变形量不大于 5 cm，路桥等过渡段工后沉降变形量不大于 3 cm，沉降速率不大于 2 cm/年。

3. 桥梁工程

桥梁工程设计要求：

(1)桥梁主要承重结构应满足 100 年使用寿命的要求。

(2)桥梁上部结构优先采用预应力混凝土结构。

(3)在适宜条件下优先采用连续结构。

4. 隧道工程

隧道工程设计要求：

(1)隧道使用年限 100 年。

(2)双线隧道断面有效面积为 100 m^2。

(3)单线隧道断面有效面积为 70 m^2。

(4)隧道内的道床采用无砟轨道。

(5)洞门形式为斜切式，以降低瞬变压力与微气压波，需要时设置洞口缓冲结构。

(6)曲墙式隧道结构采用复合式衬砌，圆形隧道结构采用管片单层衬砌。

(7)隧道防水标准为一级。

(8)隧道内需设置贯通的救援通道。

5. 轨道工程

借鉴国外无砟轨道技术与成熟经验，充分利用国内对无砟轨道研究、验证的成果，进行系统集成、创新,形成了具有自主知识产权的CRTS有挡肩、无挡肩板式、双块埋入式、压入式系列无砟轨道技术体系,并实现扣件和高速道岔相关技术的消化、吸收和国产化。

轨道工程设计要求:

(1)正线轨道按一次铺设跨区间的无缝线路设计,主要采用无砟轨道。

(2)有砟轨道采用长2.6 m,Ⅲ型混凝土枕,特级碎石道砟。

(3)钢轨采用60 kg/m,定尺长度100 m。

(4) 有砟及无砟轨道平顺度铺设精度标准高,具有可靠的稳定性和高平顺性。

6. 站场建筑

站场建筑应充分体现车站建筑的功能性、系统性、先进性、文化性、经济性。系统考虑车场、站房建筑、广场、轨道交通及其他公共交通,构建以人为本、可持续发展的综合客运交通枢纽。

站场设计要求:

(1)正线与到发线连接以及连接两正线之间的渡线,均采用18号道岔。

(2)与联络线连接的道岔,采用侧向允许通过速度220 km/h或160 km/h的道岔。

(3)到发线有效长度为700 m。

10.2.3 牵引供电技术体系

采用国内外先进的牵引供电技术,进行系统集成,全面实现设计速度350 km/h牵引供电系统的国产化。形成了统一的高速铁路技术标准体系,构建具有自主知识产权的高速铁路牵引供电系统技术平台。

高速铁路牵引供电的特点:满足高速运行的弓网关系;满足可靠稳定的供电要求;满足免维护、少检修、抵御自然环境侵害的要求;动车组自动过分相;供电能力适应高速度、高密度;具有综合一体化远程监控能力。

1. 供电系统

(1)牵引变电所优先采用电力系统两回独立可靠的220 kV电源,互为热备用。

(2)高速正线采用2×25 kV(AT)供电方式。

(3)牵引变压器和自耦变压器,均采用固定备用方式。牵引变电所按远期布点,按近期选择容量。

2. 变电系统

(1)牵引变压器优先采用单相接线形式。

(2)高压侧开关采用SF_6断路器或GIS。

(3)2×25 kV侧采用户内GIS、AIS或户外分散布置断路器。

(4)变电所实行无人值班。

3. 接触网系统

(1)接触网采用简单链形悬挂,H形钢柱,绝缘爬距1 400 mm。

(2)接触导线:150 mm^2铜合金,张力不小于25 kN。

(3)承力索:120 mm^2 铜合金,张力不小于20 kN。

(4)最高运行速度:低于70%的接触悬挂波动传播速度。

4. 电力系统

(1)电力供电网络:由沿线设置的变配电所及全线铺设的两回10 kV电力贯通线(单芯电

缆)构成。

(2)变配电所:按照免维护、无人值班设计,依靠 SCADA 系统远动操作、监视。

(3)电力贯通线:单芯电缆沿电缆槽敷设或直埋敷设。

5. 远程监控系统(SCADA)

(1)远程监控系统集通信、信号、牵引供电、电力远程监控一体化设计。

(2)系统结构:采用分层分布式系统结构。控制中心采用独立的监控网络及设备,通过网络安全隔离措施与其他系统进行接口。

(3)系统监控范围:0.22～220 kV 的通信、信号、牵引供电、电力供电设备等,在线实时监控。

10.2.4 通信信号技术体系

1. 国外高速铁路列控系统

(1)德国 LZB 系统。采用轨道环线电缆传送列控信息。其中:地面对列车的呼叫码为 83.5 bit 编码序列,传输速率为 1 200 bit/s;列车对地面的呼应答码为 41 bit 编码序列,传输速率为 600 bit/s。

(2)日本 DS－ATC 系统。采用有绝缘的数字轨道电路传送列控信息,使用 500～3 000 Hz 的频率,以 60～300 bit/s 的速度,反复传输 40～60 bit 的数据。

(3)法国 UM2000＋TVM430 系统。采用无绝缘数字轨道电路传送列控信息(分级控制),传输数据量 27 bit/帧,有效信息 21 bit/帧,校验位 6 bit/帧,帧周期大于 1.5 s。

德国 LZB、日本 DS－ATC 和法国 UM2000＋TVM430 高速列控系统,均采用大量专有技术,相互间不兼容,技术平台不开放。

(4)欧洲 ETCS 系统。为实现欧洲铁路互联互通,欧盟组织确定了适用于高速铁路列控的标准体系,技术平台开放。欧洲正在建设和规划的高速铁路,均采用 ETCS 列控系统。基于 GSM－R 无线传输方式的 ETCS2 系统,技术先进,罗马至那不勒斯、马德里至莱里达等线已投入商业运营,是未来高速列车控制系统的发展方向。

2. 中国的高速铁路列控系统

列控系统技术平台必须做到有利于路网的统一,有利于调度集中统一管理。我国通过系统集成创新,建立了符合中国国情路情的高速铁路 CTCS－3 列控技术体系。

(1)CTCS－2 列控系统:主要用于 200～250 km/h 客货共线铁路及既有线提速 200 km/h 线路。主要设备包括车载 ATP 列控中心、微机联锁、调度集中 CTC、应答器、ZPW2000 轨道电路等。CTCS－2 列控系统已基本实现国产化,并已在胶济等提速线路上应用。该系统采用轨道电路加点式应答器作为信息传输手段,实现列车运行的安全控制,GSM－R 用于无线通信。

(2)CTCS－3 列控系统:CTCS－3 系统采用 GSM－R 无线通信传输列控信息,主要由车载 ATP、无线闭塞中心 RBC、微机联锁、调度集中 CTC、应答器、ZPW2000 轨道电路等构成。我国 300～350 km/h 的铁路确定采用 CTCS－3 列控系统作为全路统一技术平台,并兼容 CTCS－2 列控系统实现动车组上下线运行。

(3)通过在 200 km/h 和 300 km/h 跨线列车上装备 CTCS－2 和 CTCS－3 车载系统,可实现高速列车的跨线运行。

3. 通信系统

高速铁路通信系统基于传输及接入、电话交换、数据网、GSM－R 专用移动通信等设备，建立调度、会议电视、救援指挥、动力环境监控和同步时钟分配等通信系统，将有线和无线通信有机结合，实现语音、数据、图像、列控多种功能。

4. 通信信号系统的集成

根据我国铁路通信信号各子系统的现状，不同的子系统采用不同的集成途径。

(1)ZPW2000 轨道电路、列控地面的应答器设备、联锁系统设备等已实现国产化。

(2)CTCS－3 中的列控车载设备、列控地面设备的无线闭塞中心，结合国内外技术实施集成。

(3)调度集中系统(CTC)，通过联合设计进行集成。

(4)GSM－R 核心网、智能网的互联互通，实现通信网各种业务系统综合集成。

10.2.5 高速动车组技术体系

1. 高速动车组发展趋势

国外先进的高速动车组已普遍采用了轻量化铝合金车体、高可靠性无摇枕转向架 、大功率交—直—交牵引传动、微机控制的电空联合制动、基于计算机和网络技术的列车控制和旅客信息系统等。

由于动力分散动车组与动力集中动车组相比，在高速运行条件下有明显的优点，原采用动力集中技术的国家在开发 300 km/h 及以上高速动车组时，也选择了动力分散的技术。动力分散技术是高速动车组的发展趋势。

动力分散动车组有如下优点：牵引功率大，载客人数多；轴重小，黏着均匀，运用合理；启动快，加速性能好；运用可靠，不需换向；利用率高，适合公交化客运；编组灵活，经济效益高。

2. 动车组技术的引进

在全面系统引进动车组设计和制造技术的前提下，重点引进动车组总成、车体、转向架、牵引变压器、牵引变流器、牵引电机、牵引控制系统、列车网络控制系统、制动系统九大关键技术。

此九大关键技术是动车组的核心技术以及技术先进性的标志，是衡量技术引进和国产化成功与否的关键；九大关键技术是建立具有技术提升能力平台、提高国内企业自主创新能力、打造中国品牌的重要基础。

此外，还确定了主要配套技术引进项目，包括：空调系统、集便装置、车门、窗、风挡、钩缓装置、受流装置、辅助供电系统和车内装饰材料等。

3. CRH 系列动车组的研制

引进了世界一流的 200 km/h 及以上动车组技术，国产化研制工作进展顺利。我国研制的 CRH 系列动车组，每列 8 辆编组，可实现两动车组联挂运行。

(1)CRH_2 型动车组：CRH_2 动车组速度等级为 200～250 km/h。动车组由 1 辆一等车和 7 辆二等车组成，列车定员 610 人。CRH_2 型动车组总长 201.4 m，头车长度 25.7 m，中间车长度 25 m，车体宽度 3.38 m，车体高度 3.7 m，适应站台高度 1.25 m。

(2)CRH_3 型动车组：CRH_3 动车组速度等级为 300 km/h。动车组由 1 辆一等车和 7 辆二等车组成，列车定员 601 人。CRH_3 型动车组总长约 200 m，头车长度 25.70 m，中间车长度

25 m,车体宽度 3.3 m,车体高度 3.89 m,适应站台高度 1.25 m。

(3)CRH 系列动车组在平直道上加速性能见表 10-1。

表 10-1　CRH 系列动车组在平直道上的加速性能

速度(km/h)	加速时间(s)				加速距离(m)			
	CRH1	CRH2	CRH3	CRH5	CRH1	CRH2	CRH3	CRH5
50	23	37/28	28	25	156	263/194	193	175
100	55	80/58	58	56	855	1 166/825	816	827
150	108	134/92	92	109	2 722	3 044/2 015	2 029	2 725
200	194	219/140	145	201	6 939	7 220/4 400	4 638	7 259
250	343	374/215	195	393	16 367	17 052/9 126	9 145	19 455
300		346	376			19 233	21 265	

4. 动车组技术引进的成果

(1)实现了动车组在国内批量生产,关键技术、主要技术和配件国产化。

(2)建立了可持续提升的 CRH 动车组开发技术平台,进行了动车组由 200 km/h 向 300 km/h提升的再创新,形成了开发和制造高速动车组系列产品,生产一流水平中国品牌动车组的能力。

10.2.6　信息系统技术体系

1. 运营调度系统

我国高速铁路运营调度系统将以国内企业为主体,引进国外高速铁路运营调度系统建设、运营的先进理念和成熟经验,依靠国内企业应用开发和系统集成力量,联合设计,自主创新,创建拥有自主知识产权的运营调度技术体系,实现客运专线运营调度现代化。

(1)系统特点。高速铁路运营调度系统与既有铁路调度系统比较,具有以下特点:调度区段长、范围大,时空概念发生变化;以高速干线点到点调度为主,同时兼顾网络;运营调度的核心地位更显突出,综合性强、计划严格、效率高。

高速铁路运营调度系统特别强调综合性。各调度工种并不是各自拥有和使用自己的管理系统进行调度工作,而是共同使用综合运营调度系统进行工作。各工种所有的调度员都集中在一个大厅内,以便于快速的工作联系和讨论。

(2)系统的集成。运营调度系统必须基于对全国路网进行优化,300～350 km/h 铁路与 200～250 km/h 客货共线铁路必须兼容。

运营调度系统的建设,必须满足高速列车按 3 min 追踪间隔运行时调度指挥的需要。坚持统一领导、统一规划、统一标准、统一管理;坚持统筹规划、分步实施。坚持路网完整性和调度集中统一指挥,确保各线间运营调度的有机协调。

运营调度系统集成的主要内容:运输计划编制、运行管理、车辆管理、供电管理、旅客服务、综合维修等功能。

1)运输计划编制。运输计划是运营调度各项工作的基础和主线。计划编制功能主要是依据计划编制规则要求,提供计算机编制列车运行图及相关计划的功能和手段,具备牵引计算、合理性检查和模拟仿真等功能。基本计划以线路数据、动车组参数、信号系统参数、车站参数等数据为依据,结合客流分析与列车开行方案进行编制。基本计划包括:基本列车运行计划、基本动车组交路计划、基本车辆分配计划、基本乘务计划等。

2)运行管理功能。该功能即一般所指的CTC系统功能,这是运营调度系统的核心和关键,也是确保运行安全、高效的功能。运行管理功能主要是接收实施计划(包括列车运行、动车组运用,乘务安排、施工维修等实施计划),实现人工或自动生成列车运行调整计划,实现人工或自动进行列车进路控制,实施列车运行监视,绘制实际列车运行图,实现列车跟踪及车次号校核等。系统能随时按业务需求的调整进行权限控制和功能切换。

3)车辆管理、供电管理、旅客服务、综合维修等功能。该功能主要是通过与车辆维修管理系统、供电系统、客运服务系统、票务系统、综合维修作业系统、防灾安全监控系统、通信系统、信号系统、视频监控系统、乘务管理系统、综合检测系统等实现信息共享,为编制基本计划及实施计划,合理掌握列车运行速度,安排和传递与旅客服务有关的事项,安排设备维修,处置突发事件,进行查询、统计、分析等提供依据和数据。

(3)系统的建设。经过多年的研究和建设,我国铁路已建成TMIS系统,TDCS系统广泛应用,集成国内外成熟技术的CTC系统也已在秦沈客运专线、青藏线、胶济线等使用,计算机编制列车运行图已在全路推广运用。一批企业和科研单位在运营调度系统的建设和运营方面取得了大量成果,积累了丰富经验,储备了技术和人员,为实施以自身为主,联合设计,自主创新,建设先进、统一的高速铁路运营调度系统奠定了良好的基础。

2. 客运服务系统

我国高速铁路客运服务系统建设的基本思路是:在借鉴国外高速铁路客运服务理念、成熟经验、先进技术和系统集成方法的基础上,结合中国铁路的实际情况,依靠自主创新,自主开发,建立具有自主知识产权的、国际领先水平的客运服务系统。客运服务系统建设的基本原则是:统一基础平台;统一技术标准;统一应用软件;统一规划管理。

(1)系统的组成。客运服务系统包括票务系统、旅客服务、市场营销策划、客运组织管理等。

1)以席位管理和交易处理为核心,建立能够适应多种销售渠道和售票方式以及多种支付形式的灵活的营销策略和定价政策,以自助式和自动化为主要售检票方式的全路客运专线统一的票务系统。

2)以信息的自动采集为基础,以为旅客提供全方位信息服务为目标,实现客运站信息自动广播、导向、提示、监控等功能,提供互联网、呼叫中心、移动通信等多种途径的信息服务,运用多样化的服务手段为旅客提供优质服务,实现旅客服务和运营管理的信息化。

3)以现代营销理念为指导,以科学的数据分析方法为支撑,以先进的信息技术为手段,构建反应敏捷、实时决策、优化方案、综合评价、适应竞争要求的高效系统,为各类管理人员提供信息服务和决策支持。

(2)系统的创新。

1)原始创新。用开放系统技术构建超大型票务系统;自主构建超大型交易处理平台;自主构建安全交易信息安全防护体系。

2)集成创新。系统集成方案设计中的整体优化和局部技术的创新。

3. 防灾安全监控系统

高速铁路防灾安全监控系统对自然灾害进行实时监测及预警,基本组成框图如图10-2

所示。

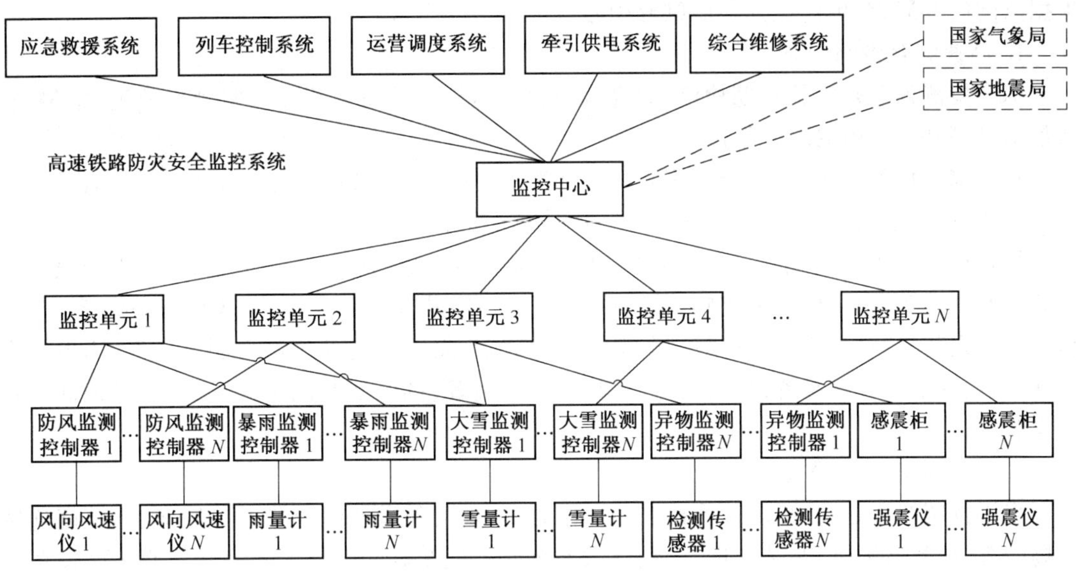

图 10-2 高速铁路自然灾害监测系统组成基本框图

(1)防灾设计。《高速铁路设计规范(试行)》(TB 10621—2009)中,规定了对自然灾害进行防护的设计要求:

1)选线:绕避不良地质体。

2)抗震:线路、桥梁及隧道工程按国家标准《铁路工程抗震设计规范》(GB 50111—2006)进行抗震设计。

3)防洪:按照防灾减灾要求,提高基础设施抵抗连续强降雨、洪水等自然灾害的能力。

4)防风降噪:在强风地段设置风屏障;在人口密集地段设置声屏障。

5)防冰雪:道岔设置除雪融雪装置,接触网设计考虑温度、覆冰厚度等气候条件要求。

6)防雷及防电磁干扰:电子电气设备考虑防雷、防电磁干扰设计。

(2)防灾安全监控系统。

1)风监测系统:沿线风速值超过 15 m/s 的地区建立风监测系统。

2)雨量监测系统:沿线年降雨量大于 200 mm 的地区设置雨量监测系统。

3)降雪监测系统:10 年最大积雪深度 36 cm 以上的地区设置降雪监测系统。

4)地震监测系统:对通过地震区的高速铁路,设置地震监测系统。

5)异物侵限监测系统:公跨铁桥梁上方、部分公铁并行路段、部分隧道口和高路堑地段设置异物监测系统。

10.2.7 运用维修系统技术体系

高速铁路的综合维修采用综合检测列车、钢轨探伤车和轨道状态确认车,实现对轨道几何状态、接触网及受流状态、通信信号设备工况、钢轨表面及内部损伤、轨道部件状态、线路限界侵入等的定期检测和临时检测,向调度指挥中心(综合维修系统)、地面维修部门发送信息,并作为制定维修计划和安排综合维修天窗的主要依据。

我国高速铁路综合维修体系,借鉴国外经验,结合我国高速铁路的具体情况,建立了包括各专业的综合维修体系。目前已在北京、上海、武汉、广州四地建立了4个综合维修中心，将来根据路网的发展，会再建设其他的维修中心。

1. 高速综合检测列车

综合检测列车是实施定期检测、综合检测和高速检测的重要手段。实现对轨道、接触网、通信信号等基础设施的综合检测。

对于综合检测列车，可充分利用我国已开发出的高速动车组，结合国外先进的综合检测技术和设备，通过系统集成，研发了我国300 km/h高速综合检测列车。

综合检测列车主要装备：录像装置、架线间隔测定装置、ATC测定装置、列车无线设备测定装置及测定台；轴重横压测定轴、轴箱测定加速度计；轨道高低变位和车辆摇动测定装置、线路状态监视装置、轮重横压数据处理装置和录像装置；架线磨耗偏位高低测定装置、集电状态监视装置、受电弓观测装置；电力测定台、数据处理装置、供电回路测定装置、车次号地面设备测定装置。

2. 大型养路机械设备

采用技贸结合方式，引进三枕捣固综合作业车、正线和道岔综合作业捣固车、高精度连续式捣固车、高效清筛机、路基处理车、线路大修列车、96头钢轨打磨车等大型养路机械设备的制造技术，并实现了国产化。

研制开发了道岔清筛机、移动式焊轨车和大容量的物料运输车等大型养路机械设备，实现了与国产化设备的配套。

针对高速铁路的发展，以及路网快速扩充和第六次提速后对运营维修大型养路机械设备的需求，将继续贯彻引进技术国产化和自主创新相结合方针，推动线路维修向机械化、自动化方向发展。

3. 动车组运用检修

(1)建立了北京、上海、武汉、广州四大动车检修基地。在能力和规模上立足于干线，并辐射周边地区，服务全路。

(2)建成了北京、北京西、上海南、沈阳、青岛、广州东6个动车组运用所，并将建设哈尔滨、大连、济南、西安、成都、郑州、汉口、长沙、新深圳、福州、南昌、杭州、南京等运用所。

4. 培训基地

培训基地是综合培养高速铁路各层次专业人才的培训场所，是在学习借鉴国外经验和培训模式的基础上，结合中国高速铁路运营管理的特点，规划建设的培训基地。培训基地应具备理论、模拟、实作和远程培训等功能。

(1)培训的主要对象。

1)运营管理与调度：下分策划人员、调度人员和站车服务人员3个层次。

2)动车组检修与运用：下分管理与技术人员、检修人员、司机和随车机械师4个层次。

3)综合维护：包括供电、线路和通信信号系统，下分管理技术和维护人员两个层次。

(2)培训的主要内容。

1)理论培训。培训基地实行开放式教学，聘请知名专家、学者和工程技术人员授课，同时委托有关高等院校对高速铁路运营管理、运用检修各类人员进行高速铁路专业技术理论培训。

2)模拟培训。培训基地应用运营调度模拟系统、司机模拟驾驶装置、供电模拟操作系统和通信信号综合模拟试验室，对受训人员进行模拟培训，以提高培训效率和效果。

3)实作培训。培训基地建有按照高速铁路标准建设的环行培训线,并包括一个标准站台。环行培训线设有完善的牵引供电、通信信号等基础设施,同时配备现役动车组及动车组关键部件实物,供高速铁路各类运营管理、乘务、运用检修人员实际操作使用。

4)远程培训。培训基地设有大型电化教室和远程教学中心,充分发挥培训基地的核心作用,利用信息网络技术等现代手段和国内外教学资源,构建覆盖高速铁路运营所需各专业的远程培训体系。

综上所述,中国铁路通过自主创新,建立了包括工务工程、牵引供电、通信信号、动车组、信息系统、运用维修等的中国高速铁路技术体系。以原始创新为主,依靠自己的力量,建立了我国高速铁路工务工程的技术体系;通过集成创新,建立了我国高速铁路牵引供电系统、通信信号系统的技术平台,关键设备和主要配件逐步实现了国产化;通过引进先进技术、联合设计生产,打造中国品牌,完成了具有中国品牌动车组系列 CRH 产品的开发,国内制造的分别适用于 200～250 km/h 的 CRH2 动车组、300～350 km/h 的 CRH3、CRH380 动车组已下线投入运行;依靠国内自主创新,借鉴国外高速铁路运营调度和客运服务的先进理念、成熟经验、系统集成方法,结合中国铁路的实际,建立了有中国特色的高速铁路信息系统和运用维修系统。

11 中国铁路技术标准体系

铁路技术标准体系的建立，有利于推动铁路技术发展，保证工程质量，提高建设效率，控制工程投资，协调工程和专业接口，促进运营和维修管理，确保实现铁路工程的系统集成和整体功能，充分体现铁路工程的功能性、系统性、先进性、文化性和经济性。因此，建立铁路技术标准体系，高效、经济、有序地推动铁路建设、运营管理和技术发展有重要的意义。

11.1 铁路技术标准体系的构成

中国铁路技术标准体系主要由四个层次构成。

(1)第一层次：铁路主要技术政策。它是铁路技术发展的纲要文件，指导铁路有关规划、规章、规程、规范、标准等的编制和修订。

(2)第二层次：铁路技术管理规程。它是依据《中华人民共和国铁路法》、《铁路运输安全保护条例》等制定的铁路技术管理的基本规章，其他铁路规章和规范性文件以及各部门、各单位制定的技术管理文件等，都必须符合铁路技术管理规程的规定。铁路技术管理规程规定了铁路的基本建设、产品制造、验收交接、使用管理及保养维修方面的基本要求和标准；规定了各部门、各单位、各工种在从事铁路运输生产时，必须遵循的基本原则、责任范围、工作方法、作业程序和相互关系；规定了信号的显示方式和执行要求；明确了铁路工作人员的主要职责和必须具备的基本条件。

(3)第三层次：铁路工程程建设标准(综合标准和专业标准)和铁路运营管理标准(运营标准和维修标准)。

综合标准是指工程建设强制性条文中的铁道工程部分以及铁道部发布的建设管理制度，涉及质量、安全、卫生、环保和公众利益等方面的目标要求或为达到这些目标而必需满足的技术要求及管理要求。它对所包含各专业各层次标准具有制约和指导作用。

专业标准是铁路工程建设标准体系的主要内容，由基础标准、通用标准和专用标准构成。基础标准和通用标准对专用标准具有指导和约束作用，专用标准的部分内容应服从基础标准和通用标准。

基础标准是铁路工程建设技术标准的基础，对其他标准(通用标准和专用标准)具有普遍的指导意义。主要包括术语标准、分类标准、限界标准、制图标准、标志标准、符号标准、设计基础标准等。

通用标准是针对铁路工程某类标准化对象制定的覆盖面较广的共性标准(包括各专业通用的勘察、设计、施工、验收及管理要求)，可作为制定专用标准的依据。如《铁路基本设计规范》属于设计通用标准，是铁路工程其他设计规范制定的依据和基础，是一般情况下铁路工程设计应满足的基本要求和应遵守的共性要求。

专用标准是针对某一具体标准化对象或作为通用标准的补充或延伸制定的专项标准，内容较为具体，覆盖面一般不大。如某类等级铁路或某种工程的勘察、设计、施工、质量验收的具体要求或方法，某个范围的安全、卫生、环境保护要求，某项试验或检测方法等。

(4)第四层次：对具体工点、铁路部件等在生产制造过程中的质量控制要求。主要包括铁路部件技术条件或具体工程施工技术条件或施工质量验收标准。

以上各层次铁路技术标准既相互独立，又密切联系，下层次标准服从上层次标准，多层次的技术标准构成了中国的铁路技术标准体系架构(图 11-1)。

整个技术标准体系内的各类标准并不是一成不变的，将随着国家法规、建设理念、科学技术、施工工艺、管理手段等的发展和进步不断修改和完善。

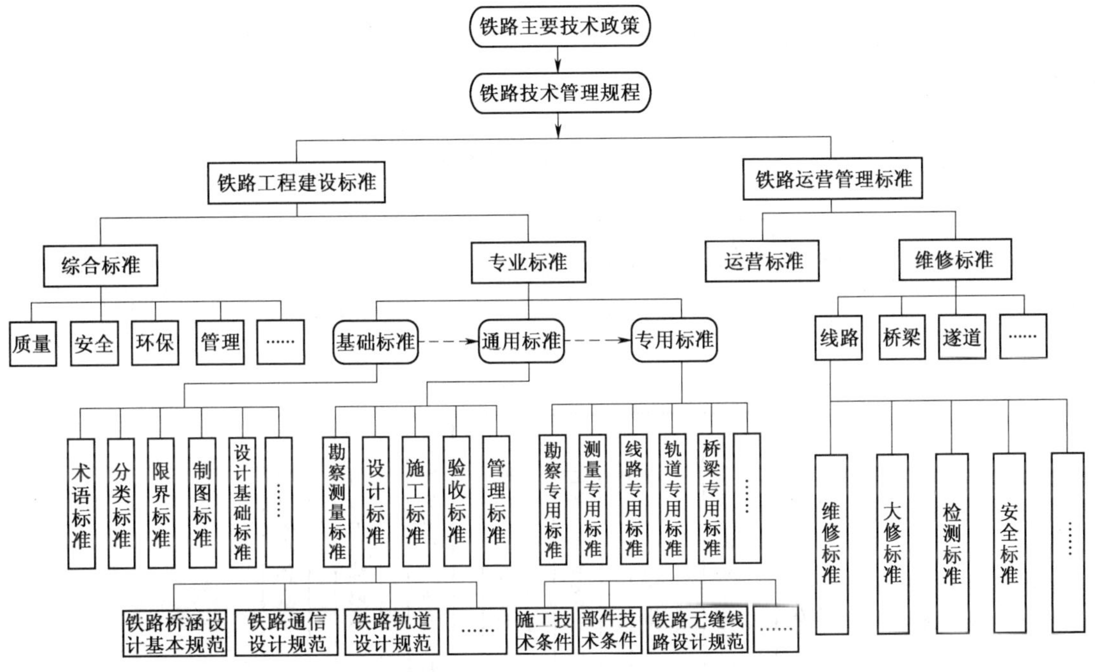

图 11-1 中国铁路技术标准体系架构

11.2 铁路技术标准体系的发展

11.2.1 铁路技术标准体系的构建

我国铁路技术标准，经历了半个多世纪的发展，形成了专业门类齐全、系统配套的铁路技术标准体系，基本满足铁路建设和运营管理要求。铁路部门借鉴国际铁路先进技术标准，加强标准体系研究，积极开展相关专业技术标准制定，在铁路技术标准体系构建、标准制(修)订等方面取得了长足发展和进步。

我国铁路部门结合既有线（客货共线）提速、重载铁路、高原铁路、高速铁路的特点，分别建立了相应的技术标准体系。

(1)通过我国既有铁路第六次大提速，加快了技术标准的更新和完善步伐，形成了完整的包括工务工程、机车车辆、通信信号、运输组织、牵引供电、安全卫生与环境保护等的既有线(客货共线)铁路技术标准体系。

(2)以大秦线重载技术为依托,针对我国铁路重载运输特点,以重载运输技术体系为基础,研究制定了适应重载运输需要的技术标准和技术文件,形成了重载铁路技术标准体系。

(3)以青藏高原铁路技术为依托,针对我国高原铁路特点,以高原铁路技术体系为基础,研究制定了适应高原铁路需要的技术标准和技术文件,形成了高原铁路技术标准体系。

(4)通过高速铁路的建设和运营,以高速铁路技术体系为基础,跟踪研究高速铁路的技术体系建设和自主创新成果,从整体需求入手,研究制定了高速铁路技术标准和技术文件,构建了我国高速铁路技术标准体系。

1. 既有线铁路技术标准体系

根据既有线铁路运输特点,逐步发展构建了由行业通用、机车车辆、工务工程、通信信号、运输组织、牵引供电、安全卫生与环境保护等标准组成的较完整的既有线铁路技术标准体系(图 11-2)。

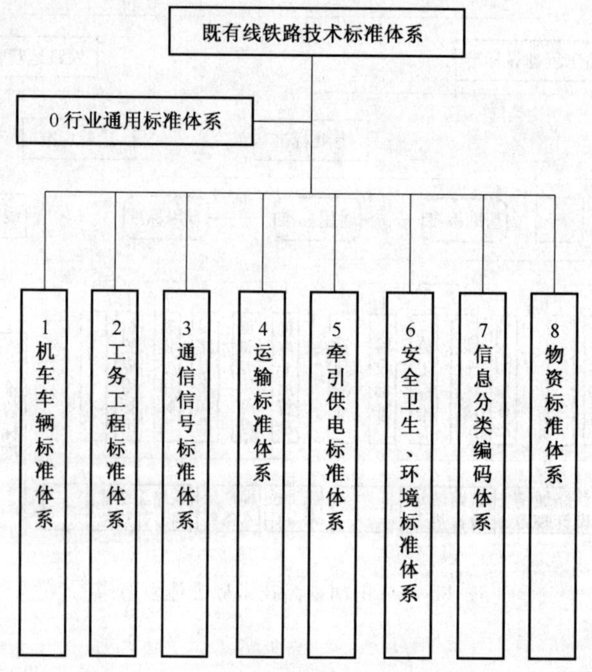

图 11-2　既有线铁路技术标准体系结构框图

2. 重载铁路技术标准体系

在建立完善重载运输技术体系的同时,构建和完善了重载运输技术标准体系(图 11-3)。该体系是在既有铁路技术标准体系基础上结合重载运输特点构建的。

3. 高原铁路技术标准体系

针对高原铁路(青藏铁路)对旅客、货物运输的机电设备技术性能提出的特殊要求,在既有线铁路技术标准体系基础上构建了高原铁路机车、车辆、通信信号、线路机械和电力设备等机电设备技术标准体系(图 11-4)。

4. 高速铁路技术标准体系

高速铁路技术标准体系是以高速铁路技术体系为依据,以我国现有铁路行业技术标准体

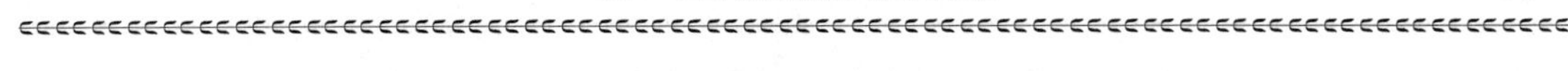

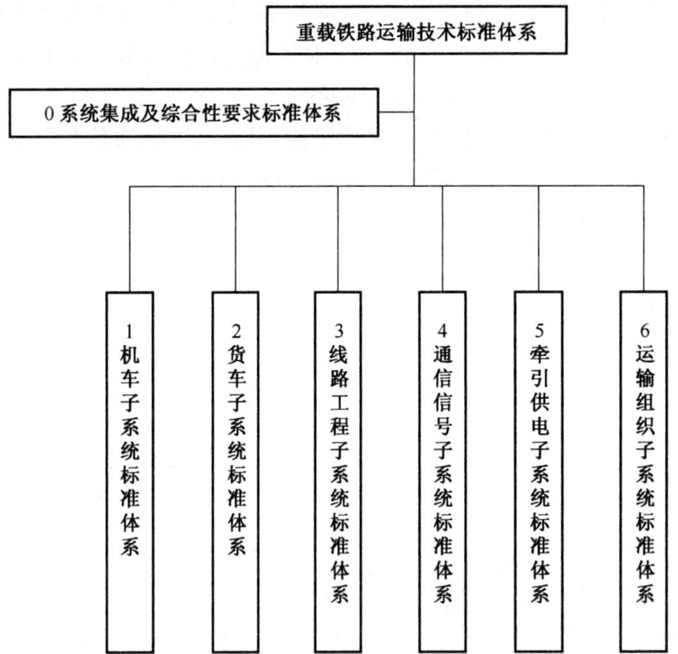

图 11-3 重载铁路技术标准体系结构框图

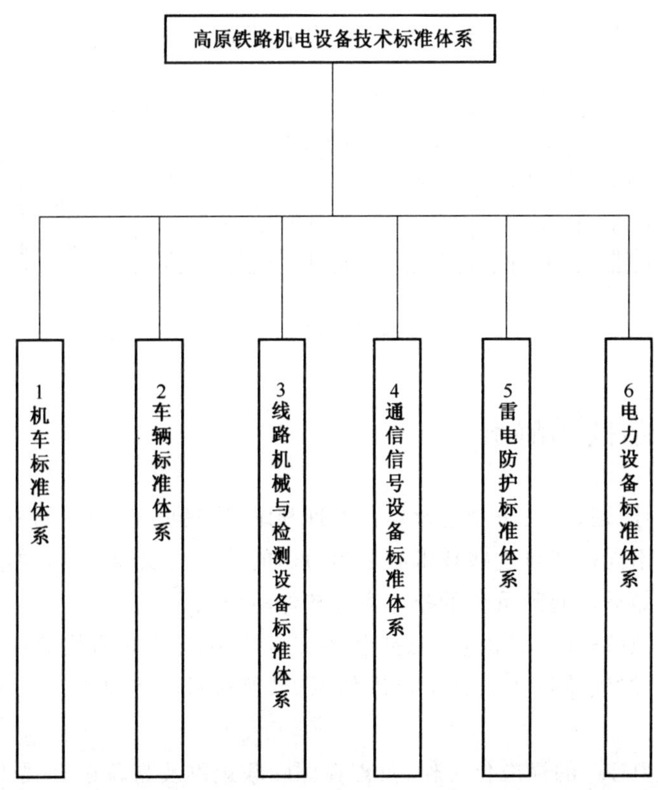

图 11-4 高原铁路机电设备技术标准体系结构框图

系为基础,及时对高速铁路建设和运营经验进行系统总结,通过技术创新研究,制定了CTCS-3级列控系统技术规范、铁路无砟轨道技术条件、高速动车组试验规范等重要技术标准,形成了具有中国特色的高速铁路技术标准体系。

我国高速铁路技术标准体系主要由高速动车组、线路工程、通信信号、牵引供电、运营调度、客运服务、系统集成等部分组成,体系结构如图 11-5 所示。

高速铁路技术标准体系的整体功能需要靠每个子系统技术标准的功能,以及各相关技术标准的有机联系和相互作用保证,即系统技术标准应完整配套,各系统技术标准通过接口参数相互匹配衔接、补充和制约,形成科学的有机整体。

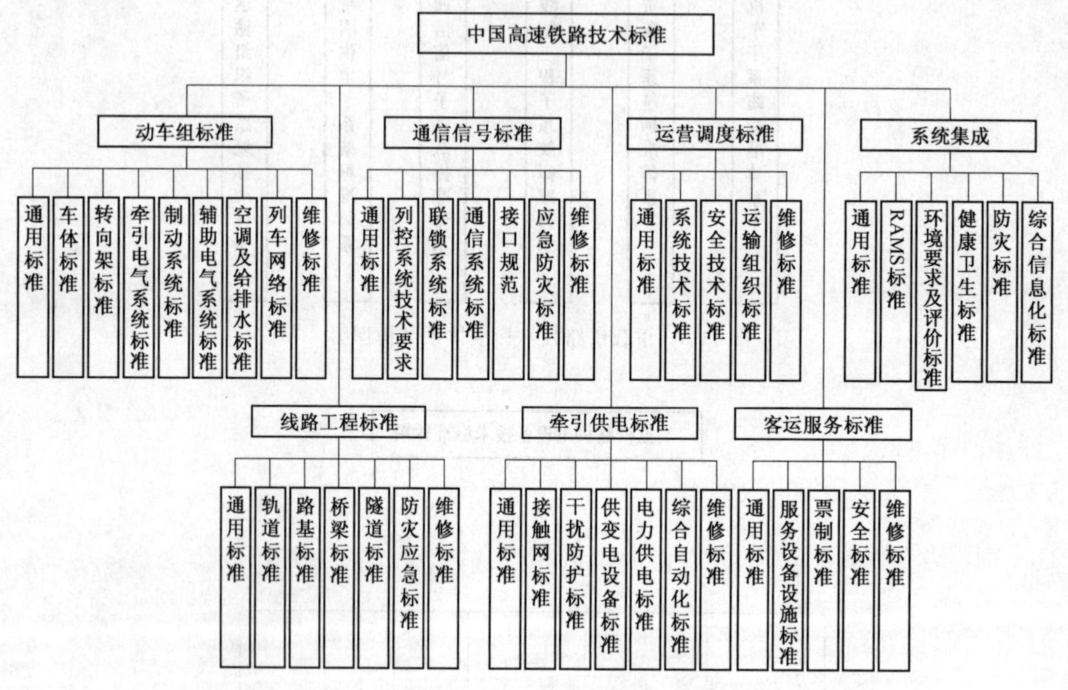

图 11-5　中国高速铁路技术标准体系结构框图

11.3　国外铁路技术标准

高速铁路的设计、建设、装备制造及运行管理和维护,集成了高可靠性的技术方案,铁路发达国家及地区均以不同模式将这些技术制定为适用的技术法规和标准,并系统地运用和实施,为高速铁路安全可靠运行起到重要的技术支撑和保障作用。

国际标准化组织(ISO)、国际电工委员会(IEC)等国际标准化机构的标准中含有铁路标准内容,但没有建立针对铁路行业的技术标准体系,铁路标准按专业划分在其所属的各领域内制定。

国际铁路联盟(UIC)的标准化工作,重点在国际联运以及与联运有关的装备技术要求,产品技术标准不是 UIC 的主要目标。UIC 规程按标准化对象分成九个分册对专业范围进行归类,其标准化对象涵盖了铁路行业的所有专业。UIC 出版了 600 多种活页文件,制定了铁路活动各个方面的国际标准。UIC 制定了少数明确用于高速铁路的规程，但没有形成独立的体系。一些标准是在通用标准中分级规定，可以按不同速度等级的具体要求选择。

欧盟(EC)为了确保跨欧洲高速铁路安全可靠地实现可互通性运行，建立了相互协调支持，充分考虑成本—效益经济性、具有可操作性的技术法规和技术标准基本构架。欧盟高速铁路是基于共同标准的相互兼容的铁路系统，没有单独建立高速铁路技术标准体系，多数标准适用范围广，对于高速铁路和普通铁路要求不同的一些技术特性，在其标准中分级规定，少数仅适用于高速铁路的标准单独制定。在满足欧盟指令及技术规范，同时不影响实现互操作性的前提下，欧盟各国也根据需要制定了一些各自的国家标准。技术装备制造企业也在研发的基础上，制定了许多反映企业核心技术、要求更高的企业标准。

日本高速铁路是以法律法规、国家标准、协会及企业标准为支撑得以实现安全可靠运行的。日本政府在新干线运行的早期颁布了相关的法律法规，如《新干线铁道构造规则》、《全国新干线铁道整备法》等。日本工业标准(JIS)是日本的国家标准，其中的 E 类标准是铁路专业标准，分为线路通用、牵引供电、信号安全机器、铁道车辆通用、动力车、客货车等类别。日本也未单独建立高速铁路技术标准体系，但根据实际应用情况看，E 类标准多数适用于高速铁路。

11.4　中国铁路技术标准

11.4.1　铁路技术标准的分类

中国铁路技术标准分为三类:铁道国家标准、铁道行业标准、专业技术文件。

铁路技术标准的制定，遵循“系统、规范、先进、开放”的原则，针对提速、重载、高原环境、高速、安全、信息化等重点领域，以铁路综合基础标准、主要产品通用技术条件和试验方法、直接影响运输安全和使用数量多且需要通用互换的产品标准、运输管理和服务标准为重点，把握系统配套协调与整体优化，加速科研成果向技术标准的转化，组织开展相关技术标准的制(修)订工作。

自 2003 年以来，我国新制(修)订并发布铁路技术标准 560 多项，无论在内容上还是在水平上都得到了完善和提高，一些标准已达到国际先进或领先水平。

截至 2010 年，我国铁路技术标准已有铁道国家标准 95 项、铁道行业标准 1 688 项，专业技术文件 2 000 多项。这些技术标准覆盖了铁路工务工程、机车车辆、通信信号、铁道电气化、信息化、运营管理等专业范围内的主要产品、基础和管理内容，为提高我国铁路建设水平和工业产品质量，保证运输安全起到了重要的作用。

11.4.2　铁路技术标准的特点

(1)体系完善。铁路技术标准分为四大标准体系(综合标准、专业标准、运营标准、维修标准)，每个体系均由基础标准、通用标准和专用标准构成。

(2)系统配套。包括铁路勘察设计、施工、监理、建设管理、设备制造生产、检验验收、运营维护等全过程的技术标准。

(3)层次明晰。按速度分为 200 km/h 以下、200～250 km/h、300～350 km/h、350 km/h 以上等级。

(4)注重先进。既有线技术标准满足 200～250 km/h,提速线路、高速铁路技术标准满足 300～350 km/h 线路的安全平稳运行要求,注重材料、设备、工艺和检测技术的先进性,适应铁路技术发展的需要。

(5)动态管理。根据新技术、新设备、新材料、新工艺的发展,在运营实践中对标准不断进行完善。

11.4.3 铁路技术标准的创新

我国高速铁路建设和技术发展起点高、速度快,大量新技术、新装备的投入使用,使得铁路部门通过对技术体系和技术管理的需求分析,研究完善和建立了高速铁路技术标准体系,为高速铁路的建设和运营管理提供了技术保障。

在研究制定高速铁路技术标准体系过程中,我国铁路部门积极开展对国际标准和国外先进标准的研究,收集整理 ISO、IEC、UIC、EN、AAR 等国际标准化组织、区域组织以及铁路发达国家的技术标准,组织开展我国铁路技术标准与国际标准、区域标准、发达国家先进标准的差异性对比分析,积极引进国际标准和国外先进标准。早在 20 世纪 80 年代就开始引进国际标准和国外先进标准,90 年代开始列专项科研课题,对铁路行业采用国际和国外先进标准进行研究,跟踪收集和整理了国际和国外铁路技术标准。

截至 2010 年,中国技术标准采用的国际和区域标准如下:

ISO(国际标准化组织) 46 项;IEC(国际电工委员会) 57 项;ITU(国际电信联盟) 9 项;UIC(国际铁路联盟) 55 项;EN(欧洲标准)13 项。

此外,我国在积极采用国际标准的同时,通过技术创新,制定了许多具有中国铁路特色的技术标准。如《高速铁路联调联试规则》、《CTCS-3 级列控系统》、《CRTS 无砟轨道》、《高速铁路钢轨》、《高速铁路道岔》、《高速铁路混凝土箱型预制梁》、《高速动车组试验规范》、《电力机车通用技术条件》(GB/T 3317—2006)等。

11.4.4 中国国际标准化工作

中国铁路部门自 1991 年开始,积极参加国际电工委员会"IEC/TC9 牵引电气设备与系统"技术委员会工作。该技术委员会主要负责轨道交通领域电气设备国际标准的制定工作。近年来主要开展了国际标准工作文件处理,共派员 19 人次参加 IEC/TC9 国际会议,承办 IEC/TC9 国际会议 3 次(1998 年、2004 年、2010 年分别在株洲、上海、长沙召开);2009 年《电力牵引复合绝缘子的特殊要求》(IEC 62621)等两项 IEC 技术标准由中国负责主持起草,有 40 多位中国铁路技术专家参加了 130 个 IEC 标准项目工作组工作。

UIC 是除 ISO、IEC、ITU 三大国际标准组织之外,经 ISO 确认并公布的铁路领域的国际标准化组织。我国是 UIC 的正式成员,除积极参加国际铁路联盟相关国际会议外,近年来积极开展与 UIC 技术层面的交流与合作。2009 年中国铁路标准化代表团访问 UIC 并与 UIC 有关部门进行了技术交流,2010 年 5 月邀请 UIC 专家在北京对高速铁路技术标准进行了交流和研讨,目前正在组织提出 UIC 标准项目和参与 UIC 标准的制定工作。

通过开展国际标准化工作,加强了中国铁路与相关国际标准化组织的合作,推进了我国铁路技术标准走向国际。

综上所述,伴随着中国铁路建设与运输的发展,中国逐步建立和完善了铁路技术标准体系，体系结构合理，覆盖面广，针对性和适用性强，为铁路建设和技术发展提供了重要的技术支撑，也为线路设计、装备制造、检验验收、运营维护、系统评价等方面提供了重要的技术依据。

技术标准是技术规范化的体现，是技术的结晶和支撑。中国铁路技术标准充分借鉴和采用国际、国外先进标准，并与国际标准化组织广泛合作，加强交流，积极参加 IEC、UIC 等国际标准化组织的铁路标准工作。随着我国铁路对世界铁路影响力的不断增强，中国铁路与国外合作的不断发展，铁路部门将继续加强铁路技术标准化工作，使中国铁路标准走向国际，成为国际认可的标准。

参考文献

[1] 钱立新．世界高速铁路技术．北京:中国铁道出版社,2003.

[2] 铁道科学研究院．高速铁路技术．北京:中国铁道出版社,2005.

[3] 李学伟．高速铁路概论．北京:中国铁道出版社,2010.

[4] 岳祖润．高速铁路施工技术与管理．北京:中国铁道出版社,2010.

[5] 郑健．中国高速铁路桥梁．北京:中国铁道出版社,2008.

[6] 铁道部工程设计鉴定中心．高速铁路隧道．北京:中国铁道出版社,2006.

[7] 中华人民共和国铁道部．TB 10621—2009 高速铁路设计规范(试行)．北京:中国铁道出版社,2010.

[8] 王爱琳．高速铁路路基施工与维护．成都:西南交通大学出版社,2010.

[9] 焦胜军．高速铁路桥梁施工与维护．成都:西南交通大学出版社,2011.

[10] 郭占月．高速铁路隧道施工与维护．成都:西南交通大学出版社,2012.

[11] 文妮．高速铁路轨道施工与维护．成都:西南交通大学出版社,2010.

[12] 何华武．中国铁路既有线 200 km/h 等级提速技术．北京:中国铁道出版社,2007.

[13] 第七届世界高速铁路大会科学委员会．第七届世界高速铁路大会论文集．北京:中国铁道出版社,2012.

[14] 旅游地理特刊．中国高速铁路发展成就．北京:中国铁道出版社,2012.

[15] 铁道部档案史志中心．中国铁道年鉴(2010)．北京:中国铁道出版社,2011.

[16] 何邦模．论我国高速铁路的技术体系．铁道运输与经济,2008,(4).

[17] 何华武．建立中国高速铁路技术体系的研究．铁道运输与经济,2006,(12).

[18] 耿志修．中国高速铁路安全技术体系．中国铁路,2010,(12).

[19] 安国栋．高速铁路无砟轨道技术标准与质量控制．北京:中国铁道出版社,2011.

[20] 吴克俭,芦金宁．中国高速铁路技术标准体系．中国铁路,2010,(7).